EXERCICE

SUR LES

FORTIFICATIONS.

IMPRIMERIE DE DEMONVILLE,
rue Christine, n° 2.

EXERCICE

COMPLET

SUR

LE TRACÉ, LE RELIEF,

LA CONSTRUCTION,

L'ATTAQUE ET LA DÉFENSE

DES

FORTIFICATIONS.

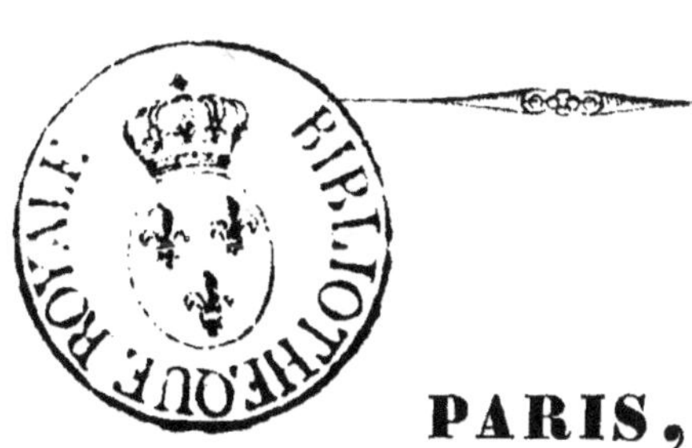

PARIS,

ANSELIN, SUCCESSEUR DE MAGIMEL,

LIBRAIRE POUR L'ART MILITAIRE, LES SCIENCES ET LES ARTS,

RUE DAUPHINE, N° 9.

1830.

PRÉFACE

de l'Éditeur.

L'Ecole du génie de Mézières (1), qui a produit tant d'ingénieurs célèbres, et qui jouissait d'une réputation si brillante et si justement méritée, fut créée en 1748; un décret de 1794

---

(1) L'Ecole de Mézières eut successivement pour commandans en chef MM. de Chastillon, de Ramsault et de Caux de Blaquetot; et pour commandans en second, MM. Duvignau, Dumoulin, de Villelongue, etc.

Il y avait à la suite de l'Ecole du génie une école gratuite de géométrie, de coupe des pierres, de charpente, etc., pour la classe industrielle. Cet établissement rendit de grands services aux habitans de cette contrée toute manufacturière; les arts mécaniques y firent des progrès rapides, et la nouvelle génération se ressent de l'heureuse influence qu'exerça l'Ecole de Mézières sur le voisinage de cette ville. On y reconnaît encore aujourd'hui, même chez les plus simples artisans, une intelligence plus développée, un esprit de comparaison plus exact, et un jugement plus sain que dans le reste du département des Ardennes. Ils entendent et pratiquent encore la *langue écrite des ingénieurs*; c'est le résultat d'une tradition de leurs pères.

en ordonna la translation à Metz, et en 1802 on y réunit l'Ecole des élèves de l'artillerie.

L'Ecole de Mézières fut la première, en Europe, destinée à former des ingénieurs militaires, et quoique fondée long-temps après les Ecoles du corps de l'artillerie, et postérieurement aussi à celle des ponts et chaussées (1), elle leur devint bientôt supérieure. On doit attribuer ce résultat à plusieurs causes, et principalement à l'examen rigoureusement exigé de chaque aspirant, dont les connaissances, d'ailleurs, devaient être plus étendues que celles des élèves de l'artillerie ; on doit l'attribuer aussi, au mode d'instruction dont la marche, à l'Ecole de Mézières, était bien graduée, et dont les applications étaient judicieusement choisies ; enfin l'un des moyens les plus féconds en succès qu'on y employait, consistait à passer alternativement de la théorie à la pratique, ce qui avait l'avantage de bien fixer dans l'esprit des élèves les diverses connaissances qui leur étaient enseignées.

____

(1) La création des écoles régimentaires d'artillerie remonte à 1679. Celle des ponts et chaussées date de 1747.

Le célèbre Monge professa, pendant vingt ans, à cette Ecole, les mathématiques et la physique; il contribua puissamment à en établir la réputation, en communiquant à ses élèves cet amour de l'étude et cet enthousiasme pour les sciences, qu'il possédait à un degré si éminent; enfin l'esprit de perfectionnement qui s'introduisit et se développa dans cette belle institution, devait nécessairement lui assurer une grande supériorité sur les Ecoles d'application des autres services. Ce savant, consulté plus tard sur l'organisation de l'Ecole polytechnique, proposa pour modèle l'Ecole de Mézières.

C'est à l'Ecole du génie que les théories de la géométrie descriptive prirent naissance; la question du défilement paraît avoir été le motif des recherches qui en firent découvrir les vrais élémens, et c'est encore aux commandans et aux professeurs de cet établissement, que l'on doit le degré de perfection que cette science avait déjà atteint en 1794, époque à laquelle Monge enseigna publiquement la géométrie descriptive aux Ecoles normales. Les études duraient deux années , et embrassaient tout ce qui est indiqué dans le *tableau des objets d'instruction* , rapporté page xxj.

L'Ecole possédait une bibliothèque de six mille volumes ; une collection de modèles-reliefs sur la coupe des pierres, la charpente, les machines et la fortification ; un cabinet de physique et un laboratoire de chimie. Mais ces richesses étaient insuffisantes, et, dès l'origine, le besoin d'ouvrages , pour diriger les élèves dans leurs études, se fit d'autant plus sentir, qu'on ne faisait pas de cours oral sur tout ce qui avait rapport à la géométrie descriptive : les commandans, qui étaient en même temps professeurs, ne tardèrent pas à reconnaître la nécessité de rédiger des Instructions sur les diverses sciences appliquées à l'art de l'ingénieur. M. de Chastillon , officier supérieur très-distingué du corps du génie (1), en fit plusieurs de 1760 à 1763 , notamment celles sur le dessin géométral , la détermination des ombres et le

---

(1) M. le chevalier de Chastillon était brigadier des armées du roi.

lavis (1), le défilement, etc. M. Duvignau, ingénieur militaire d'un rare mérite (2), acheva, en 1768, *l'exercice sur les fortifications*, ouvrage remarquable par la méthode, la simplicité et la clarté, autant que par les détails et le choix

---

(1) Nous avons entre les mains le manuscrit de cet ouvrage, signé par M. de Chastillon, et portant la date de 1763; il contient une exposition de la méthode des projections, des solutions simples pour la détermination des ombres, et un traité clair et précis du lavis; mais il a beaucoup perdu de son importance depuis la publication des ouvrages du célèbre Monge, et de MM. Hachette et Vallée.

(2) M. Duvignau alors ingénieur en chef, se recommandait par beaucoup d'instruction et d'expérience; il s'était trouvé à plusieurs siéges ou défenses de places, particulièrement à Fribourg en 1744, à Oudenarde et à Berg-op-Zoom en 1745 et 1747; il devint maréchal-de-camp du génie, directeur des fortifications de la Bretagne, etc., et mourut dans les premières années de la révolution, laissant dans le besoin une veuve à qui le corps du génie faisait une pension alimentaire. Cet officier général avait un fils que nous avons infructueusement recherché, dans le dessein d'obtenir de lui des renseignemens que nous n'avons pu nous procurer sur son père. Nous regrettons d'avoir été forcé d'abandonner le projet que nous avions formé de placer en tête de *l'Exercice de Mézières* une notice biographique sur le général Duvignau, et de payer à sa mémoire le tribut d'éloges que nous lui devons.

des épures, dont l'exécution était confiée à d'habiles dessinateurs attachés à l'École.

C'est au moyen de ces Instructions qu'ils étaient tenus de copier, et du grand nombre de dessins qui s'y trouvaient annexés, que les élèves, secondés d'ailleurs par les explications et les conseils donnés dans les salles d'étude, apprenaient la géométrie descriptive, les ombres, la perspective, la coupe des pierres, la charpente, la fortification, etc.

Pour l'étude de la fortification on se donnait, à Mézières, un terrain irrégulier sur lequel on établissait une place forte; on exécutait le tracé et le relief de ses fortifications, en les subordonnant l'un et l'autre aux mouvemens du terrain; on passait ensuite à la construction de cette place jusque dans ses moindres détails, puis on en faisait le devis estimatif; et enfin on l'attaquait et on la défendait.

L'exercice de l'École de Mézières donne la fortification telle que Vauban et Cormontaingue la construisaient; c'est encore celle que l'on enseigne aujourd'hui à l'École de Metz, à quelques modifications près.

Quant au défilement, on sait que l'opération pratique sur le terrain ne présente pas de grandes difficultés, et qu'avec de l'habitude et du coup-d'œil on parvient, après quelques tâtonnemens bien dirigés, à déterminer dans l'espace la position des crêtes des parapets des différens ouvrages qui composent une place forte ; c'est ainsi qu'ont été établis les tracés et les reliefs des fortifications élevées par Vauban et Cormontaingne, qui font encore aujourd'hui l'admiration des plus habiles ingénieurs ; mais la question du défilement, traitée théoriquement dans le cabinet, est beaucoup plus difficile : elle était trop importante pour n'être pas un sérieux objet d'étude à l'École de Mézières ; aussi, dès 1760, M. de Chastillon, qui enseignait la méthode pratique aux élèves, s'en occupa-t-il : malheureusement la mort le surprit au milieu de son travail, et la partie qu'il a laissée ne traite que du cas très-facile du défilement de la fortification en terrain horizontal.

M. Duvignau continua le travail de M. de Chastillon, et, en 1768, il traita la question pour un terrain accidenté ; elle est en entier dans l'exercice que nous publions, et l'on y trouvera des solutions qui satisfont à toutes les conditions du problème; seulement elles exigent encore quelques tâtonnemens pour trouver le point dominant, et de nombreux calculs pour déterminer des proportionnelles. Ce fut vers cette époque que l'on imagina l'échelle de pente pour représenter des plans, moyen qui abrège considérablement les opérations, et quoiqu'on n'en fasse pas usage dans l'exercice de Mézières, c'est à M. Duvignau, ou peut-être à M. Dubuat, alors ingénieur en chef à Valenciennes, que l'on en est redevable.

Si, jusque-là, on ne trouva pas de solutions générales plus satisfaisantes, c'est que la question du défilement se rattachait à celle de l'expression géométrique du terrain, et que cette dernière présentait aussi de grandes difficultés, qui n'ont été vaincues que depuis peu de temps.

A l'École de Mézières, on représentait le terrain par des cotes rapportées à un plan général de comparaison introduit par M. de Chastillon, et qui n'est autre chose qu'une application de la méthode employée sur les cartes marines pour y indiquer les profondeurs des sondes rapportées à la surface des eaux.

Vers 1777, Meusnier, officier du génie, dans un Mémoire sur le défilement où il se sert du problème du plan tangent au cône résolu par Monge (1), appliqua à la représentation du terrain la méthode de Buache et de Ducarla (2), qui consiste à en exprimer la surface au moyen de courbes horizontales ; cette méthode géométrique donna un nouvel essor aux idées, et le problème du défilement fut repris, à la création de l'École polytechnique, par M. Say qui, au moyen de l'application des règles de la géo

---

(1) Lorsque Monge eut à s'occuper du défilement, il conçut l'idée, pour déterminer le plan de site, d'un cône tangent au terrain dont le sommet se trouvait sur la droite par laquelle devait passer le plan tangent à ce terrain ; le plan de site cherché était celui passant par la droite donnée et mené tangentiellement au cône.

(2) Buache, ingénieur hydrographe, proposa, en 1737, de représenter le fond de la mer par des courbes horizontales déterminées en joignant les points d'égales profondeurs d'eau. Ducarla, physicien de Genève, étendit l'idée de Buache à la configuration du globe, et lut sur ce sujet, en 1771, un Mémoire à l'Académie.

métrie descriptive, trouva une méthode graphique plus complète. Dans cette solution, M. Say se servait de deux projections : depuis, on est parvenu à ne faire usage que d'une seule, et l'on peut voir dans le Mémoire sur la fortification permanente de Sea, publié à Saint-Pétersbourg en 1811, quelles étaient les méthodes enseignées à l'École de Metz par M. d'Obenheim. Récemment tous les problèmes relatifs au défilement ont été résolus avec succès par M. Noizet, capitaine du génie, en ne se servant également que de la seule projection adoptée en fortification.

Si la perfection des méthodes graphiques a produit, depuis M. Duvignau, des solutions plus élégantes et d'une exécution plus prompte, on ne peut refuser à ce savant ingénieur le mérite d'avoir fait faire des progrès très-marqués à la grande question du défilement.

Nous ne pousserons pas plus loin l'analyse des *cahiers* de Mézières, dont un grand nombre de copies circulent dans le corps du génie : depuis long-temps la réputation *de l'exercice sur les fortifications* est établie

parmi les ingénieurs militaires et les artilleurs. Il
a servi de base aux meilleurs Traités de fortification publiés soit en France (1), soit à l'étranger (2); mais aucun ouvrage ne parle de la construction des fortifications qui est traitée ici
dans tous ses détails; enfin l'attaque et la
défense, exposées dans la seconde partie, forment un Mémoire justement apprécié, et très-
recherché par les officiers du génie.

Depuis long-temps le Dépôt général des
fortifications a fait graver la collection des
planches de la première partie de cet ouvrage, accompagnées de légendes et de notes
instructives, mais exécutées sur un très-grand
format, elle ne convient qu'aux bibliothèques.
Nous avons beaucoup réduit les dimensions de
la plupart des dessins, sans nuire cependant à
leur intelligence, de sorte qu'ils formeront

----

(1) L'excellent Traité de fortification de M. Noizet
Saint-Paul. Le Traité d'art militaire et de fortification de
M. Gay-Vernon.

(2) L'essai général de fortification de Bousmard, imprimé à Berlin en 1799, et l'ouvrage allemand de Hauser,
imprimé à Vienne.

un atlas in-quarto d'un usage commode et portatif.

Cette nouvelle publication, qui complète celle commencée par le Dépôt des fortifications, est faite sur un manuscrit offert, en 1768, à M. le duc de Choiseul, alors ministre de la guerre. Dans le but de ne rien laisser à désirer, nous avons cru devoir ajouter à cet ouvrage des notes et quelques additions propres à le rendre plus complet.

Nous croyons rendre service à tous les officiers de l'armée française, et particulièrement à ceux du génie, de l'artillerie et de l'état-major, en leur donnant la facilité de se procurer, à un prix modique, le Guide des Élèves de Mézières. Il forme un appendice aux œuvres de Vauban, dont la dernière et récente publication a été faite sur les manuscrits tirés des archives de l'État : puisse-t-il concourir, avec les ouvrages de notre grand ingénieur, à rétablir l'équilibre depuis si long-temps rompu entre l'attaque et la défense des places fortes.

P. A. H.

C. A. C. R. D. M.

A MONSEIGNEUR

LE DUC DE CHOISEUL,

PAIR DE FRANCE,

MINISTRE ET SECRÉTAIRE D'ÉTAT DE LA GUERRE

ET DES AFFAIRES ÉTRANGÈRES, ETC.

Monseigneur ;

On désire depuis longtemps à l'école des lieutenans en second, élèves du corps du génie, un

ouvrage dans lequel ces jeunes officiers puissent trouver un cours d'instruction suivie sur l'art des fortifications, qui s'étende et les occupe particulièrement sur les détails qu'ils sont destinés à exercer, pendant un nombre d'années, chacun avant qu'il lui soit confié de grandes opérations à diriger.

J'ai entrepris cet ouvrage, Monseigneur, et c'est le mérite de son objet qui m'enhardit à prendre la liberté de vous le présenter : il est la production d'un zèle sincère pour le bien de cet établissement que vous protégez, et qui est destiné à préparer de mieux en mieux des hommes célèbres, tels que ceux qui ont acquis et maintenu successivement, jusqu'aujourd'hui au corps du génie en France, la réputation distinguée dont il jouit depuis le grand Sully, sous le ministère et la direction de qui ce corps d'officiers a pris naissance.

Je me suis aussi, Monseigneur, premièrement assuré de l'approbation de M. de Ramsault, et j'ai recueilli ses avis et ceux de M. Dumoulin sur cet ouvrage dont nous regardons tous trois l'objet comme direct, essentiel et indispensable à la véritable institution des jeunes officiers que nous avons l'honneur de commander.

Feu M. le Chevalier de Chastillon, qui en connaissait pareillement l'importance, avait commencé à le traiter par écrit à la suite des leçons qu'il était dans l'usage de donner verbalement, chaque année, sur cette partie, à ceux des lieutenans en second qui avaient satisfait sur les articles de leur instruction par lesquels cet exercice doit être précédé.

C'est des principes mêmes de ce commandant en chef de l'Ecole que je suis parti, aidé de plusieurs bons mémoires où j'ai puisé ce qui se trouve de mieux dans mon ouvrage.

Quel qu'il soit, Monseigneur, les vues que j'y ai suivies m'assurent que vous le recevrez avec bonté; et c'est, après la satisfaction que je goûte à m'occuper du bien du service du Roi, la récompense la plus flatteuse que je puisse recueillir de mon travail.

J'ai l'honneur d'être, avec un profond respect,

Monseigneur,

Votre très-humble et très-obéissant serviteur,

Durrigneau

A Mezières, le 10 mars 1768.

Tableau

DES OBJETS D'INSTRUCTION

A SUIVRE

PAR LES LIEUTENANS EN SECOND

ÉLÈVES DE L'ÉCOLE DU GÉNIE.

ARTICLE 1.

La théorie renfermée dans les quatre volumes du Cours de mathématiques de M. Camus, et dans les Traités de dynamique et d'hydraulique de M. l'abbé Bossut.

ARTICLE 2.

L'art du dessin géométral, qui consiste à tracer géométriquement sur le papier les épures de la coupe des pierres et de la charpente pour les faire exécuter. La construction pareillement sur le papier des cinq ordres d'architecture, et celle des plans, profils et élévations de bâtimens civils et militaires, ainsi que de quelques ouvrages de fortification.

ARTICLE 3.

La recherche et détermination géométrique des lumières et des ombres dans le dessin pour en traiter le lavis méthodiquement et avec goût; à quoi l'on joindra l'étude des règles de la perspective, nécessaire pour former l'œil à juger bien de l'étendue et des variétés du terrain, lorsqu'il est question surtout d'en exprimer les détails sur les cartes de reconnaissance des places pour les siéges, et du pays pour les marches et positions des armées.

ARTICLE 4.

L'examen de M. Camus sur tous les objets énoncés dans les trois articles précédens.

ARTICLE 5.

Le Cours d'expériences de physique de M. l'abbé Nollet.

ARTICLE 6.

Le levé des plans des bâtimens et de la fortification à la toise, rapporté sur les proportions des échelles qui seront prescrites. Le nivellement, le levé des cartes à la planchette et à la boussole, rapporté de même sur les différentes échelles qui seront données.

Chaque lieutenant en second de l'école, mettra au net tous les dessins de ce qu'il aura levé suivant ces trois manières différentes.

ARTICLE 7.

Un exercice complet sur le tracé, le relief, la construction, l'attaque et la défense des fortifications, sur lequel chaque lieutenant en second sera tenu de produire en dessins, toisés et mémoires, tous les détails qu'il lui aura été prescrit de faire pour son instruction sur cette partie.

ARTICLE 8.

Le simulacre annuel d'un siége où l'on suivra méthodiquement les procédés de l'attaque et de la défense d'une place, et sur quoi chaque lieutenant en second sera obligé de faire et de remettre, dans un terme fixe, un mémoire raisonné accompagné de dessins relatifs.

ARTICLE 9.

Les opérations sur le terrain irrégulier pour tracer une fortification et pour fixer les principaux points de son relief par des poteaux de hauteur, et par un nivellement qui fasse connaître comment ce relief, ainsi que le tracé, se trouvent accommodés au terrain sur lequel cette fortification est tracée, et à celui qui l'environne.

ARTICLE 10.

L'étude du service courant des ingénieurs dans les places, à quoi l'on ajoutera la lecture des ordonnances, particulièrement de celles qui concernent le corps du génie.

ARTICLE 11.

La visite et l'examen de plusieurs machines qui existent à divers usages dans les environs de Mézières.

ARTICLE 12.

L'examen des propriétés de plusieurs places de la direction des fortifications de la Meuse, et pareillement de la situation militaire de cette frontière, consultée tant sur les lieux que sur les cartes, pour s'instruire à faire la reconnaissance d'un pays, et en rendre compte par un mémoire local qu'on accompagne de cartes figuratives, lorsque les circonstances du temps et des affaires le permettent.

EXERCICE

SUR LES

FORTIFICATIONS.

AVANT-PROPOS.

Chaque puissance établit la sûreté de ses États en réglant le nombre et la distribution de ses Places fortes, suivant les intérêts de sa politique et suivant la nature et l'étendue de ses frontières (1).

---

(1) Lisez le Traité de la Sûreté des Etats par le moyen des places fortes, par M. Maigret (a).

(a) Il faut ajouter les ouvrages suivans : divers écrits de Vauban, et particulièrement son projet de fortifier Paris. Examen détaillé de l'importante question de l'utilité des places fortes, par Foissac. —Considérations militaires et politiques sur les fortifications, par d'Arçon; divers écrits publiés par le même. — Tableau historique de la guerre de la révolution de France, etc.; contenant l'exposé des moyens défensifs et offensifs sur les frontières du royaume, en 1792, etc., par Grimoard et Servan. — Essai général de fortification, par Bousmard, liv. V.—Considérations sur l'art de la guerre, par le général Rogniat. — Projet de changement à opérer dans le système des

Pour remplir cet objet important, le Gouvernement emploie un corps d'officiers qu'il charge de connaître à fond tous les points intéressans de la frontière, et d'en rendre compte, afin qu'il soit pourvu à ce que toutes ses parties soient mises et maintenues dans un équilibre de forces parfait.

Les chefs de ce corps produisent les projets qui leur sont demandés sur les différens systèmes de fortifications dont il convient de munir les différentes parties de la frontière : ils dirigent pareillement

---

places fortes pour les rendre véritablement utiles à la défense de la France, par le général Sainte-Suzanne. — Observations sur cet écrit, par le général Dembarrère.— Mémoire sur la défense de la France, par M. C......., officier supérieur du génie. — Essai sur la défense des Etats par les fortifications, par M. Duvivier, capitaine du génie. — Observations sur la guerre de la succession d'Espagne, par le même.—Force et faiblesse militaires de la France, ou Essai sur la question générale de la Défense des Etats, etc., par M. Paixhans, lieutenant-colonel d'artillerie. — Des changemens survenus dans l'art de la guerre, et Conséquences relatives aux places fortes, par M. de Chambray. — Enfin les traités de stratégie, et particulièrement les Mémoires de Napoléon, publiés par les généraux Gourgaud et Montholon.   *Note de l'Editeur.)*

l'attaque et la défense des places, en un mot, tout ce qui appartient à l'art des fortifications.

Sous les ordres de leurs chefs, les officiers particuliers de ce corps font les détails des projets et veillent à leur exécution. C'est dans ce dernier article que sera fixée l'étendue de l'exercice que nous proposons ici.

Feu M. le chevalier de Chastillon ayant laissé la première partie seulement d'un Traité méthodique (1) qu'il s'était proposé

---

(1) Il est intitulé Traité du relief, commandement et défilement de la fortification. Il contient de très-bons principes sur les règles du relief de la fortification en terrain horizontal, et des méthodes géométriques pour toiser les déblais et les remblais des terres : nous y renvoyons en plusieurs circonstances de notre Instruction (a).

(a) Ce Mémoire ne traite que du défilement de la fortification située en plaine ; il existe aujourd'hui d'excellens ouvrages qui donnent des solutions pour tous les cas, et auxquels nous renverrons le lecteur chaque fois qu'il sera question du mémoire de M. de Chastillon : nous citerons particulièrement le Mémoire de M. Say, inséré

d'écrire sur l'art de diriger le projet du relief et de la construction des fortifications en terrain régulier; nous essayons d'y suppléer par un exercice dans lequel notre objet principal est d'instruire et d'occuper les officiers élèves de l'école du génie, sur les détails que chacun d'eux est destiné à exercer plus ou moins long-temps, avant qu'il puisse être chargé de grandes opérations à la guerre, ainsi que dans les places.

Notre Instruction sur cet exercice est divisée en deux parties accompagnées de dessins y relatifs.

---

dans le 4e cahier du Journal de l'Ecole polytechnique. — L'Instruction sur le Défilement des ouvrages de campagne, à l'usage de l'Ecole d'application d'état-major. — Enfin le Mémoire de M. Noizet, capitaine du génie, inséré dans le 6e numéro du Mémorial de l'officier du génie. Ce Mémoire qui a été couronné, expose d'une manière claire et rigoureuse tous les procédés les plus perfectionnés qui servent aux officiers du génie français à déterminer, sur une simple feuille de papier, le relief exact de tout projet de fortification au moyen d'une seule projection, et d'un levé du terrain par courbes horizontales.   (*Note de l'Editeur.*)

La première partie contient les principes, les méthodes et les exemples nécessaires pour apprendre à détailler le projet du tracé, du relief et de la construction des fortifications, en les appliquant à une place donnée que nous imaginons avoir à établir dans une situatiou de terrain irrégulier.

La seconde partie traite de l'attaque et de la défense de cette même place.

Pour rendre plus attrayant comme plus généralement instructif le travail qu'il convient que chacun de ces officiers fasse en son particulier sur cet exercice, nous observons d'y présenter d'abord, et de rappeler souvent un tableau de l'ensemble des choses auxquelles sont enchaînés les détails à discuter dans le projet d'une fortification.

De ce travail ainsi conçu et suivi uniformément, résulteront deux effets importans et directs à l'institution de ces officiers : 1° De les disposer efficacement sur les détails ordinaires du service auquel ils se destinent ; 2° De les préparer sur la vraie manière de voir et d'étudier avec fruit le système des fortifications, ainsi que la situation militaire de chaque place où ils résideront, et de se former là-dessus un discernement prompt et sûr, d'autant plus qu'ils seront imbus de principes et de méthodes solides.

PREMIÈRE PARTIE

QUI CONTIENT LES PRINCIPES, LES MÉTHODES ET LES EXEMPLES
NÉCESSAIRES POUR APPRENDRE A DÉTAILLER LE PROJET DES
FORTIFICATIONS, SUR UNE PLACE DONNÉE QU'ON IMAGINE AVOIR
A ÉTABLIR DANS UNE SITUATION DE TERRAIN IRRÉGULIER.

La feuille première des dessins relatifs à cette première partie de notre Instruction, présente le plan projeté d'une place forte que nous imaginons située sur une rivière dont elle traverserait le bassin, et dont les eaux retenues et manœuvrées à propos, formeraient inondation devant un des côtés de cette place, et serviraient à la défense de ses fossés, en même temps qu'on ferait usage de la guerre souterraine dans les parties de ses fortifications qui en seraient les plus susceptibles.

La légende de ce plan indique généralement la destination des ouvrages, écluses, déversoirs, batardeaux et souterrains qu'on y pratiquerait.

Nous avons suivi pour le tracé des fortifications de cette place le système le plus généralement adopté, et l'on ne s'occupera point ici à le discuter avec aucun autre système, mais on s'attachera à traiter, d'après les principes reçus, et par les méthodes transmises, la combinaison du relief avec le tracé de ces fortifications, de manière que, sans avoir à multiplier les toisés et les dessins, autant qu'il le faudrait pour mener à exécution un projet pareil, chacun des lieutenans en second élèves de l'École du génie, puisse acquérir par cet exercice des connaissances justes et solides sur cette partie essentielle de son métier.

Chacun de ces officiers commencera donc par faire pour soi, une copie exacte du plan feuille première, afin d'avoir à tout moment sous les yeux l'ensemble des fortifications de la place donnée, et de pouvoir y consulter l'accord où doit être avec cet ensemble, celle de ses parties dont on lui aura prescrit de détailler le projet.

Les cotes qui sont écrites sur ce plan, et que chaque officier copiera de même avec précision, représentent un nivellement supposé fait du terrain sur lequel ces fortifications sont tracées, et de celui qui les environne, à la portée du canon.

Toutes ces cotes, dont l'expression ressemble à celle des sondes d'une rade écrites sur une carte marine , sont soumises à un seul et même plan horizontal (1) qu'on imagine passant au-dessus du point le plus élevé du terrain , d'une quantité arbitraire qui est exprimée par la moindre de toutes ces cotes , telle qu'est celle désignée par le nombre (5o pieds) sur notre feuille première , où il faut aussi remarquer que la côte (116 pieds) écrite plusieurs fois sur les bords de l'inondation , suppose le point le plus haut auquel on puisse tendre cette inondation , par le moyen du grand pont éclusé A-A, de l'écluse k , du déversoir B B , et de l'écluse Y ensemble.

Pour éviter d'avoir à multiplier les modèles de dessins dans cet exercice , on a mis le plus de conformité qu'on a pu entre les ouvrages dont chaque front est composé.

On a donné uniformément 18o toises de côté extérieur à chacun de ces fronts , et 5o toises à sa perpendiculaire , excepté cependant aux trois fronts qui bordent la rivière , et à celui de l'inondation , où leur position qui peut être

____

(1) Voyez dans le Traité du défilement, etc., de M. de Chastillon, la définition du plan de comparaison (a).

(a) Voyez la note de l'Editeur , pag. 5.

considérée comme inaccessible, a permis de raccourcir le côté extérieur et de diminuer la perpendiculaire, pour prêter d'autant mieux à une bonne disposition du reste de l'enceinte de la place.

Tracé graphique d'un front quelconque de la place donnée, et calcul trigonométrique de ce tracé.

Comme on ne commencera pas cet exercice sans avoir déjà tracé graphiquement sur le papier quelque front de fortification, suivant les méthodes de M. de Vauban (1), il suffira des

---

(1) On trouve ces méthodes dans le petit traité intitulé : *Manière de fortifier selon M. de Vauban*, par M. l'abbé Dufay, et aussi dans le livre intitulé : *Le parfait Ingénieur*, par M. l'abbé Deidier.

Pareillement dans les *Elémens de fortification*, par M. Le Blond, et d'une manière encore plus satisfaisante dans le livre intitulé *l'Architecture militaire, ou l'art de fortifier*, par un officier de distinction, etc.; in-4°, imprimé à La Haye en 1741 (*a*).

(*a*) A ces traités il convient d'ajouter les excellens ouvrages sur la fortification que l'on possède actuellement : notamment, *le Mémorial pour la fortification permanente*, de Cormontaingne; le *Traité complet de fortification*, de M. Noizet de Saint-Paul, l'*Essai général de fortification*, de Bousmard; et le *Traité d'art militaire et de fortification*, de Gay-Vernon.　　　　(*Note de l'Editeur.*)

figures et des éclaircissemens contenus dans la
feuille deuxième de nos dessins, pour être en
état d'entendre et d'exécuter pareillement le
tracé graphique de tel front qu'on voudra de la
place donnée feuille première, et de calculer
trigonométriquement les lignes et les angles
qui formeront ce tracé, quelles que soient les
différences qui pourraient se trouver de ce
front à ceux que nous donnons pour exemple
dans notre feuille deuxième (1).

---

(1) Le front CD, feuille première, a 186 toises de côté extérieur, et l'ensemble de son tracé diffère des autres par la
lunette cotée r, dont l'angle flanqué est à 80 toises de celui
du bastion D, sur le prolongement de la face gauche de ce
bastion ; la face droite de cette lunette est de 44 toises
alignée à l'angle flanqué de la demi-lune M, sa face gauche est de 40 toises, son fossé et son chemin couvert sont
des mêmes largeurs qu'aux autres lunettes.

Le tracé du front GH diffère des autres par la lunette S
dont l'angle flanqué est porté à 70 toises en avant du côté
extérieur, sur la capitale, et dont les faces qui ont chacune 55 toises de longueur, sont alignées à 24 toises des
angles d'épaules des deux bastions G et H.

L'écluse Y, dont on voit le détail feuille septième, occasione la disposition de la place d'armes que couvre la
lunette S.

La lunette R a son angle flanqué à 150 toises de celui
du bastion H. Ses deux faces, de 40 toises chacune, sont
alignées l'une à l'angle flanqué de la demi-lune N, et

On trouvera dans le chapitre premier de la deuxième partie de l'Architecture militaire que nous venons de citer, à la première note de la page 10, la manière dont se fait le tracé de la fortification sur le terrain, et l'exemple de pratique qui est annoncé pour chaque année dans l'article 9 du Tableau des objets d'instruction à suivre à l'École, complètera ce qu'il convient de savoir sur ce sujet.

Détermination du relief de la fortification.

Quand on aura fait et calculé le tracé graphique du front choisi parmi ceux de la place donnée, et qu'on aura copié exactement la feuille troisième de nos dessins, qui contient les profils primitifs des fortifications de cette place, on construira de nouveau sur 4 pouces pour 100 toises ce même front sur une feuille séparée, qu'on intitulera feuille quatrième, comme celle dans laquelle nous donnons les figures et les notes instructives dont on aura besoin pour se diriger dans ce détail.

On prendra dans les profils primitifs, feuille

---

l'autre sur la lunette S, à 24 toises de son saillant. Enfin les deux flancs et la gorge de la même lunette R, sont chacun de 28 toises.

troisième, les largeurs des parapets et des remparts de ce front ainsi dessiné, en observant pour les parapets, de renfermer ces largeurs seulement entre deux lignes prises, l'une sur la crête intérieure du parapet, et l'autre sur le cordon au sommet du revêtement de chaque ouvrage : quant aux talus des remparts, on sent bien qu'il ne sera possible de les projeter sur ce plan, qu'après qu'on aura déterminé leur élévation au-dessus du terrain sur lequel ils seront assis.

Comme la ténuité de l'échelle des proportions du plan général, feuille première, ne permettrait pas d'y écrire sans confusion les cotes du terrain à tous les angles des ouvrages de chaque front, et qu'il n'est question ici que d'un exercice ; on pourra imaginer ces cotes du terrain et les écrire sur le nouveau dessin feuille quatrième, pourvu qu'on y observe une vraisemblance convenable avec les cotes qui déjà sont écrites à plusieurs angles du même front, feuille première, et qui seront aussi toutes rapportées et placées semblablement sur le nouveau plan feuille quatrième. Il est expliqué sur la légende de notre feuille du même numéro comment on distinguera entre elles les cotes qui exprimeront différentes parties du relief de la fortification, etc.

Pour parvenir à déterminer les cotes du relief
sur la crête des parapets de ce front quelconque,
et les plans des glacis , on opérera par les méthodes enseignées à ce sujet dans le Traité du
défilement de M. de Chastillon (1) , et par celles
que nous avons ajoutées sur notre feuille quatrième , pour asseoir les ouvrages sur un seul et
même plan de site réglé , ou pour les établir
sur plusieurs plans de site et de défilement différens en même temps et à chaque pas , on consultera les proportions de ce relief sur les profils
primitifs , ainsi que dans l'avertissement qui y
est relatif , feuille troisième.

Puisque le plan de site d'un front de fortification est considéré comme l'aplanissement qui
serait fait du terrain sous le tracé de ce front,
et dirigé de manière qu'étant imaginé prolongé
jusqu'à 8 ou 900 toises en avant, ainsi qu'à

---

(1) Voyez ce Traité relativement aux définitions des
plans de site et de défilement, etc. (*Voy.* la note de l'éditeur, pag. 3.)

Il n'est pas nécessaire d'avertir que nous considérons
la cote de toute partie du terrain intermédiaire à deux cotes données , comme proportionnelle entre ces deux cotes ;
ainsi on trouvera facilement toutes celles dont on aura
besoin.

droite et à gauche de ce tracé, ce plan couvrirait tous les points les plus élevés du terrain compris dans cet espace, ou du moins ne serait surmonté par aucun de ces points au-delà de 2 ou 3 pieds (1). Il est évident qu'en plaçant alors tous les points du tracé de la fortification dans ce plan de site une fois déterminé de position, on n'aurait plus qu'à y établir les hauteurs du relief de chaque ouvrage, telles qu'on les trouverait cotées chacune au-dessus de la ligne de site désignée dans les profils primitifs, comme elles le sont dans notre feuille troisième.

Mais il faut observer qu'on ne peut établir un plan de cette sorte pour un front seul, et encore moins pour plusieurs fronts ensemble, que dans les cas où les hauteurs dominantes du terrain leur sont parallèles ou à peu près comme aux fronts DE, EF, FG, AB, AI de la place donnée feuille première, et encore de ceux a b et a c de la couronne, même feuille;

____

(1) Puisque par les profils primitifs la crête du glacis est élevée de 8 ou de 6 pieds au moins au-dessus du plan de site, il est certain que toute partie du terrain qui ne surmontera ce plan que de 2 ou 3 pieds, n'aura pas de plongée dans les chemins couverts et encore moins dans les ouvrages qu'ils enveloppent.

ou bien lorsque ces hauteurs ne règnent que d'un côté de la fortification, comme aux fronts BC et IH, et pourvu que le terrain penche assez de l'autre côté, pour que la pente qui sera donnée au plan de site ne vienne pas ficher dans ce terrain plus près qu'à 800 ou 900 toises du front projeté, et par là exposer plusieurs parties de l'intérieur des ouvrages à être vues à dos (1).

Pour déterminer la position d'un plan de site sous le tracé donné d'une fortification en situation pareille, supposant par exemple, celle du front AB, feuille première, on attachera d'abord le côté extérieur a′ b′ à la cote du terrain la plus haute de celles qui se trouveront sur ce côté extérieur; on le prolongera jusqu'à 8 ou 900 toises de part et d'autre de son milieu, ce

---

(1) Dans ce cas il faudrait employer des traverses et des parados; ou bien établir deux plans de site différens formant entr'eux un pli à leur rencontre sur la capitale du front, d'où ils seraient dirigés, l'un passant par les hauteurs et l'autre passant de 8 pieds au-dessus de la partie inférieure du terrain, à la distance ci-dessus dite du front tracé.

Comme on peut se représenter l'effet de ces plans en figurant de soi-même des profils du terrain dans ces situations, nous n'ajouterons rien de plus à cette note.

qui donnera une ligne droite de 16 ou 1800 toises sur l'étendue de laquelle on recherchera une autre cote du terrain pour y fixer cette ligne, de manière qu'en aucun point de sa longueur, aucune cote du terrain ne la surmonte de plus de 2 ou 3 pieds ; ensuite attachant au même côté extérieur a′ b′ ainsi fixé, un plan qu'on fera passer en même temps par le point m le plus élevé de tous ceux du terrain compris dans l'espace ci-dessus prescrit, on aura, sinon le vrai plan de site, du moins le moyen de déterminer bientôt sa juste position : car en menant dans ce premier plan, tant qu'on voudra de parallèles (1) au côté extérieur a′ b′ à des distances déterminées entre elles et ce côté extérieur, on connaîtra facilement la différence de tout point quelconque de chacune de ces lignes, d'avec la cote du terrain correspondante à ce point. Or, ces différences faisant aussitôt connaître les parties du terrain qui seront plus ou

----

(1) Dans quelques exemplaires de l'Exercice de Mézières, ces parallèles sont les projections d'horizontales du plan de site. On l'a aussi avancé dans une note insérée dans le 6ᵉ numéro du Mémorial de l'Officier du génie, pour servir d'errata au Mémoire cité de M. Noizet. L'échelle de pente et les horizontales paraissent postérieures à l'Exercice de Mézières.

(Note de l'Éditeur.)

2

moins suréminentes à ce plan, il ne s'agira que de relever celui-ci jusqu'à 2 ou 3 pieds au-dessous du plus suréminent de tous les points du terrain, pour avoir le plan de site qu'on cherchait. Cette méthode par tâtonnement n'est pas aussi satisfaisante qu'on le souhaite-rait, mais elle peut conduire à en trouver une plus géométrique et plus générale (1).

Le triangle a′ m b′ fait partie du plan de site, et ses côtés m a′ et m b′ donnent le moyen de placer dans ce plan toute ligne quelconque du tracé du front AB, soit dans sa propre éten-due, ou prolongée autant qu'on le voudra.

Mais, si pour être attaché aux points du ter-rain qui domineraient le plus une fortification, il fallait que son plan de site fût tellement ram-pant qu'elle perdrait par une hauteur de relief excessive, l'action qu'elle doit avoir sur le ter-rain qui l'environne, et qu'elle a pour princi-pal objet; il faudrait alors premièrement voir s'il ne serait pas possible de retourner son tracé de façon qu'il s'ensuivît moins de roideur de

____

(1) Cette méthode plus géométrique et plus générale, a été trouvée par l'ingénieur Meusnier, qui a enseigné à déterminer di-rectement le point dominant du terrain dans le cas où le plan de site est assujéti à passer par une droite donnée.

(Note de l'Éditeur.)

pente dans les défilemens du relief; sinon il faudrait défiler en particulier chaque partie de cette fortification, et suppléer par des traverses, contre les plongées des hauteurs dont on ne pourrait se préserver autrement.

Dans ces situations ainsi que dans celles où une fortification se trouve, comme les fronts CD et IH feuille première, avoir en flancs des hauteurs dont il faut la préserver, il devient inévitable d'assujétir son relief à plusieurs différens plans de site ou de défilement à la fois; c'est-à-dire de défiler chacune de ses parties par leurs prolongemens particuliers dirigés et attachés respectivement sur ces hauteurs, aux distances prescrites. De là il arrive infailliblement que quelques-unes de ces parties sont vues à dos par l'une ou l'autre des deux hauteurs, sans qu'on puisse y remédier autrement que par des traverses dont nous parlerons plus amplement ci-après.

Pour défiler ainsi par parties la fortification d'un front situé comme on vient de le dire, il faut d'abord fixer à l'angle flanqué de chacun de ses deux demi-bastions, la hauteur de relief la plus convenable (1) qu'on croit pouvoir leur

---

(1) Cette hauteur dépend principalement de la plus grande efficacité de l'action que chaque ouvrage du

donner au-dessus du terrain sur lequel ils sont tracés, afin qu'ils y aient la plus grande efficacité qu'il est possible ; prolongeant ensuite les faces de ces demi-bastions jusqu'aux points les plus élevés de la campagne, qui se trouveront sur leurs directions respectives, à la portée ordinaire du canon ; on déterminera par calcul, ou par le moyen du compas de proportion, le défilement de ces faces, en suivant la méthode que nous donnons pour cela dans la figure 2, feuille quatrième, et les deux analogies qui se trouvent dans la légende de cette même feuille.

On remarquera sur la même figure 2, feuille quatrième, que la hauteur p a au-dessus du point p le plus élevé du terrain sur le prolongement de la ligne $c\,b\,a$ quelconque, doit toujours être égale à la hauteur dont les points du relief c et b dans cette ligne, seront élevés au-dessus des points k et h du plan de site, particulier au relief de l'ouvrage dans lequel cette

---

front à fortifier doit avoir sur les dehors, pour que ses feux ne soient ni trop rasans, ni trop plongeans. Cette hauteur dépend aussi de l'élévation du corps de place, tellement réglée que le revêtement d'escarpe, soit au moins de vingt-quatre ou vingt-cinq pieds de hauteur au-dessus du fond du fossé, surtout lorsque ce fossé est sec.

ligne sera la crête du parapet de la face ou du flanc.

En cherchant le défilement des faces de la demi-lune et de tous autres ouvrages avancés, on aura soin d'examiner dans leurs profils primitifs donnés feuille troisième, de combien la crête de leur parapet est soumise à celle du corps de place, et d'ajouter ce commandement à chacune des cotes qu'on trouvera pour le défilement de ces faces, afin de pouvoir écrire juste les vraies hauteurs du relief sous le plan de comparaison.

On règlera sur la crête des glacis les cotes de défilement de leurs branches, relativement à celles des faces des bastions, demi-lunes et lunettes auxquelles ces crêtes de glacis seront parallèles ou considérées comme telles. Cette disposition du relief des glacis y occasionera souvent des ressauts qu'on absorbera en les distribuant sur les angles rentrans, comme l'enseigne le Traité du défilement.

Lorsqu'en déterminant les pentes des glacis (1) par la méthode que nous donnons, figure 3, feuille quatrième de nos dessins, on verra que

----

(1) Voyez auparavant la méthode que le Traité du défilement donne pour régler ces pentes sur un terrain horizontal. (*Voyez* la note de l'éditeur, page 3.)

quelques-unes de ces pentes ne rencontrent le terrain qu'à des distances si grandes qu'il faudrait des remblais immenses pour former ces glacis pleins, on les fera coupés et pleins, alternativement d'une branche à l'autre, afin d'éviter les angles morts qui auraient lieu aux rentrans, si l'on faisait continus ces glacis coupés ; et si par manque de terres, ou pour moins de dépense, on est obligé de les faire ainsi continus, on les bordera d'un avant-fossé semblable à celui que nous avons fait feuille première devant la plus grande partie de chacun des deux fronts CD et GH. Enfin, si le glacis coupé continu devait exister sur un terrain très-élevé où l'on ne pût pratiquer d'avant-fossé, on pourra sauver les angles morts des rentrans en y faisant des coupures retirées semblables à celles du retranchement intérieur des bastions A, C et a, feuille première.

Pour régler généralement la largeur du parapet d'un glacis coupé, il faut diriger l'arête que ce parapet doit faire avec son talus extérieur en une seule ligne qui passe à 15 pieds des petits saillans que les crochets des traverses du chemin couvert forment dans la crête de ce glacis ; et lorsqu'il n'y a point de traverses, cette arête extérieure doit être à 3 toises de distance parallèle à la crête du glacis.

Le talus extérieur d'un glacis coupé non revêtu étant toujours à terre roulante, c'est-à-
dire, ayant sa projection au plan horizontal
égale à sa hauteur verticale sur ce plan, il sera
toujours facile de fixer la projection de ce talus
par la différence qu'on trouvera entre sa hauteur verticale déterminée, et la cote du terrain
aussi connue sous cette hauteur. On projetera
de la même manière les talus des remparts,
quand on aura déterminé le relief au-dessus du
terre-plein des ouvrages. On trouvera facilement aussi comment un ou deux glacis pleins,
adjacens à un glacis coupé qu'ils embrasseront
par leur relief, se rencontreront avec le talus
extérieur de celui-ci déterminé.

On remarquera, d'après la figure 3, feuille
quatrième, que, soit que le terrain rampe en
montant, comme de f à g, ou qu'il rampe en
descendant, dès que cette rampe sera conver-
gente avec b x plan du glacis plein, on trouvera toujours le point x par des analogies semblables à celles qui sont annexées à la légende
de cette figure 3, pourvu que ce point tombe
entre deux cotes connues du terrain. C'est pourquoi il faut y en avoir assez pour qu'il s'en
trouve au moins une au-delà du point x (1).

---

(1) On sait que nous considérons comme uniforme la

Le relief des tenailles devant les courtines
sera réglé suivant le principe établi à ce sujet
dans le Traité du défilement, en observant cependant que lorsque le grand fossé est, comme
celui de la place donnée, susceptible d'être défendu par des manœuvres d'eau, c'est sur la
superficie de cette eau, réglée à peu près au plus
haut point où les écluses pourront l'élever, que
doit plonger la ligne de feu du flanc passant
par-dessus la crête du parapet de la tenaille, etc.,
parce qu'il serait inutile de diriger cette plongée
à 6 pieds strictement au-dessus du fond du fossé,
lorsqu'on ne pourra pas y exécuter la défense
du fossé sec (1).

Nous répétons, comme nous l'avons dit dans
la légende du plan général, feuille première,
qu'il faut avoir attention de disposer les traverses dans les ouvrages de manière qu'elles
n'en occupent pas l'angle flanqué, parce qu'elles

---

pente qui existe de deux en deux cotes données sur le terrain, et que, par conséquent, toute cote intermédiaire
qui ne sera pas donnée, peut être prise proportionnelle
entre les deux données.

(1) Le profil du parapet et de la banquette de la tenaille
étant ici le même que celui qu'on trouve dans le Traité
du défilement de M. de Chastillon, il eût été inutile de le
répéter dans notre feuille troisième des profils primitifs.
(Voyez la note de l'Éditeur, page 3.)

lui ôteraient une efficacité bien intéressante pour la défense des dehors. La figure 4, feuille quatrième, et l'analogie qui est jointe à la légende, montrent la méthode à suivre pour déterminer le sommet de ces sortes de traverses.

On verra, dans cette figure 4, que nous prescrivons d'élever le point y à 2 pieds au-dessus de a pour qu'un homme bordant le parapet a de l'ouvrage n'y soit pas atteint par la ligne d y, qui représente une des plongées du feu de l'ennemi placé sur la hauteur e. On observera aussi qu'entre le pied u de la traverse et le point i de la plongée d i et de celle k i par-dessus les faces b et a, il y ait au moins 6 pieds 6 pouces de hauteur au-dessus du terre-plein r s de l'ouvrage, afin d'y être à couvert de ces plongées.

Puisque nous nous sommes proposé de manœuvrer les eaux de l'inondation pour la défense des fossés, particulièrement du corps de place, et qu'il serait possible de leur donner la double propriété d'être à volonté défendus secs et pleins d'eau tour à tour, il faut examiner si cette propriété est praticable également sur tous les fronts de la place donnée feuille première, sans nuire à quelques-uns, en y occasionant une diminution préjudiciable dans la hauteur fixe de leur relief, et à d'autres

en rendant cette hauteur excessive au-dessus
du fond de leur fossé.

Pour pouvoir défendre ainsi les grands fossés
de cette place devant tous ses fronts, il faudrait, afin de les maintenir secs à volonté, que
leur fond, de même que les radiers des écluses
Y et Z, fussent établis de quelques deux ou trois
pieds au-dessus des basses eaux de la rivière.
Mais cet approfondissement qui serait alors,
de ces mêmes deux ou trois pieds, moindre que
celui qu'on pourrait faire dans un cas différent,
et que nous allons expliquer, diminuerait avec
préjudice la hauteur de l'escarpe des fronts
situés dans les parties basses du terrain, parce
que dès que la crête du parapet de cette escarpe
et de ses dehors sera déterminée au point d'a-
voir sur ce terrain le plus d'efficacité qu'il sera
possible, elle doit être immuable, et l'on ne
peut augmenter sa hauteur au-dessus du fond
du fossé qu'en approfondissant celui-ci davantage.

Cette observation s'applique aux fronts GH
et CD, ainsi qu'à plusieurs parties de leurs adjacens HI et CB, feuille première; mais elle
est visiblement beaucoup plus particulière au
front CD, qui est aussi le plus intéressant de
tous : d'ailleurs les caponières doubles et simples dont il faut que l'assiégé traverse un fossé

qu'il veut défendre à sec, y deviennent ensuite autant d'obstacles contre l'efficacité des manœuvres d'eau par le moyen desquelles il s'est aussi proposé de le défendre ensuite. Néanmoins, comme les caponières n'empêchent pas dans un fossé qu'on y élève des eaux à des hauteurs considérables, après l'avoir défendu sec, cette réflexion ne peut porter atteinte à l'opinion reçue et très-fondée sur les grands avantages que cette double propriété procurera toujours à la défense des fossés où l'on en pourra faire usage en sauvant les inconvéniens que nous rencontrerons ici.

Les fossés des fronts AB et AI, les plus élevés de la place donnée feuille première, et de parties de leurs adjacens BC et IH, ne sont pas non plus susceptibles de cette double propriété, parce que la grande profondeur qu'il faudrait leur donner, en maintenant à la fois la hauteur du relief convenable au corps de place, occasionerait : 1° que les flancs des bastions trop élevés alors au-dessus du fond du fossé ne pourraient y avoir les plongées prescrites ; 2° que le produit des excavations à faire sur la largeur totale de ces fossés, donnerait des excédans de déblais sur les remblais quelquefois si prodigieux, que la dépense en deviendrait fort à charge, malgré qu'on pût employer ces excédans pour relever plusieurs parties basses du terrain au dedans et au dehors de la place.

D'après ces observations, on établira le fond de fossé des fronts GH et CD, etc., ainsi que les radiers des écluses Y et Z, et de celle cotée y (1) au niveau, ou à 6 pouces au-dessous des basses eaux de la rivière, et l'on réglera le fond de fossé des fronts AB et AI, etc., sur deux profondeurs différentes; l'une, creusée dans le milieu de la largeur totale du fossé, y formera un canal ou cunette de 7 toises de large (2) ayant le fond de son lit aussi bas et sur la même pente que les deux radiers des écluses Y et Z; le reste de la largeur de ce fossé, de part et d'autre de cette cunette, s'élèvera au-dessus d'elle de la quantité convenable, pour que les flancs des bastions puissent voir,

---

(1) Cette écluse y, à l'angle flanqué du bastion B, est destinée pour donner des chasses d'eau plus rapides dans les fossés des fronts BC et CD en défense.

(2) Cette largeur sera suffisante; puisque, comme on peut le voir feuille septième, figures 8, 9, 10, 11, 21, 22, 23 et 24, les passages des écluses Y, Z et y, n'ont à chacune que trente-neuf pieds ensemble. Ce canal sera revêtu des deux côtés, ou creusé dans le roc si l'on veut le supposer ainsi, devant et dessous ces deux fronts AB et AI, afin de varier d'autant plus les détails de l'estimation.

à 5 ou 6 pieds près, le pied des brèches qui seraient faites aux faces de ces bastions.

Cette disposition paraît la meilleure qu'on puisse faire du grand fossé de chacun de ces différens fronts. Le fond de celui de la couronne sera, ainsi que les radiers des deux écluses k et l, établi à 6 pouces au-dessous des basses eaux de la rivière, et l'on suppose qu'il en sera fait usage quelquefois pour évacuer des crues extraordinaires auxquelles les arches du grand pont AA et le déversoir BB pourraient ne pas suffire.

Comme on peut supposer qu'il suffira en temps de siége d'élever à 10 ou 11 pieds les plus hautes eaux dans le fossé du front CD, on fixera à 2 pieds ou 2 pieds et demi au-dessous de cette surface le fond de fossé des contregardes des demi-lunes ; et à 5 ou 6 pouces au-dessus de lui, le sol de la grande galerie majeure et des rameaux de contre-mines les plus enfoncés sous le terrain, afin de les rendre inhabitables à l'assiégeant après qu'il en aura chassé l'assiégé. Le sol de tous les autres souterrains quelconques, tant du corps de place que des ouvrages détachés, sera pour le plus bas, tenu à un pied au moins au-dessus des plus hautes eaux, et toute voûte de ces souterrains, ainsi que des galeries majeures, aura au moins 5 ou

6 pieds d'épaisseur, tant en terre qu'en maçonnerie, mesurés de l'intrados de sa clef, jusqu'à la surface du terrain au-dessus, afin d'être à l'épreuve de la bombe.

Les souterrains de la couronne et les fossés des contre-gardes de ses demi-lunes seront disposés semblablement.

On se dirigera sur cette disposition générale, et par la légende instructive de notre feuille cinquième, pour construire les détails des dessins dont nous allons parler.

Quand on aura déterminé et écrit sur le plan, figure 1, feuille quatrième, toutes les cotes du relief comme elles doivent l'être, suivant leurs caractères distinctifs, on construira de nouveau, mais avec beaucoup plus de détails, et sur 8 pouces pour 100 toises, le plan du même front sur une feuille particulière, qu'on intitulera feuille cinquième, conformément à la nôtre, pareillement intitulée, qui, avec l'explication qui l'accompagne, servira à faire connaître quelle peut être l'ordonnance ou distribution des dessous ainsi que des dessus d'un front de cette fortification, assez pour qu'on puisse arranger, comme nous le disons sur cette feuille cinquième, tel front que ce soit de la place donnée.

Ce plan, feuille cinquième, étant fait et coté,

partout où il le faudra, des hauteurs et des profondeurs de son relief, on procédera à faire avec précision, et le plus correctement qu'on pourra, le toisé des remblais et des déblais des terres dont ce relief exigera le remuement, et l'on fera ce toisé suivant les méthodes et dans l'ordre qu'enseigne le Traité du défilement de M. de Chastillon.

Déblais et remblais des terres.

On est prévenu, par ce même Traité, comment il faut dans les déblais faire état des parties d'excavations qui seront occupées par de pareils volumes en revêtemens, contre-forts, galeries et souterrains quelconques avec leurs maçonneries, fondations comprises (1) ; comment aussi l'on doit soustraire des remblais tout ce qui, des revêtemens, souterrains, etc., se trouvera compris dans leur volume. Ainsi, pour se mettre

---

(1) On doit aussi comprendre dans les déblais ceux qu'on est obligé de faire sur plus ou moins de largeur, derrière les emplacemens des revêtemens, par retraites ou banquettes de cinq ou six pieds de hauteur chacune, et de deux ou trois pieds de large, sur un talus proportionné au plus ou moins de ténacité de la terre.

en état de toiser toutes ces parties, on en fera des plans et des profils particuliers détaillés et cotés suivant les modèles que nous en donnons feuilles septième et huitième de nos dessins, mais il ne sera question pour ce moment-ci de faire usage de ces détails que pour toiser en bloc, tant plein que vide, chaque place que ces souterrains et revêtemens occuperont dans les masses des déblais et des remblais respectivement.

Comme les profondes excavations des fossés des fronts qui occuperont les hauteurs du terrain, occasioneront souvent dans les déblais des surabondances sur les remblais, et qu'au contraire ceux-ci excéderont les déblais dans les fronts situés sur les parties basses du terrain, on ne pourra peut-être, sur aucun de ces fronts en particulier, égaliser la somme des déblais à celles des remblais, qu'en employant les excès de ceux-là, dans les fronts élevés, à leurs *déficit* dans les fronts plus bas; ainsi il faudra que les deux ou trois officiers qui détailleront le projet de deux ou trois fronts contigus dans ces sortes de situations, se concertent pour prendre l'un de l'autre ces excédans, et les suppléer où il sera nécessaire : cependant comme il pourrait arriver que dans les fronts tels, par exemple, que ceux CD et GH, feuille première ; ces excédans tirés des fronts supérieurs ne suffiraient pas , et même que quelques uns de ceux-ci ne pussent rien leur fournir , on cherchera alors le volume des terres dont on aura besoin, en creusant et élargissant d'autant plus l'avant-fossé de ces deux fronts CD et GH, dont nous avons déjà parlé à la page 22.

Voici le lieu de dire comment on parvient à égaliser la somme des déblais à celle des remblais, lorsque cet équilibre est praticable sur un même front de fortification, sans inconvénient pour l'efficacité de son relief réglé (1).

On comparera d'abord la somme des déblais avec celle des remblais calculés, et si leur différence n'excède pas 2 ou 300 toises cubes sur l'étendue totale d'un front , on adoptera sans hésiter cette balance des terres ; mais si cette différence est plus grande , et que ce soit par exemple le déblai qui excède le remblai , on diminuera la profondeur des fossés (2) , d'une

---

(1) Il est évident que l'efficacité du relief d'une fortification consiste, comme on l'a déjà dit, à lui donner l'action la plus puissante qu'il est possible sur le terrain qui est en avant d'elle, et que pour cet effet on ne saurait trop combiner ensemble le relief et le tracé d'une fortification.

(2) On observera que diminuer la profondeur des fossés

quantité qu'il est aisé de trouver, parce qu'elle sera le quotient de la division de cette différence par la somme des surfaces des fossés; ou bien on pourra sans diminuer la profondeur des fossés, élever le système entier du relief des parapets, remparts, chemins couverts et glacis, d'une quantité qui sera le quotient de la division faite de cette différence par la somme des surfaces des remblais; ou bien enfin on pourra diminuer à la fois la profondeur des fossés, et élever le système entier du relief de la fortification, d'une quantité qui sera le quotient de la division faite de cette même différence par la somme des surfaces du déblai et du remblai.

Ces deux dernières méthodes ne donneront pas exactement l'équilibre cherché des terres, parce que, par le rehaussement du relief, les plans des glacis et les talus des remparts s'alongeront, mais on pourra sans inconvénient négliger cette imprécision, lorsqu'elle n'influera pas une différence de plus de 2 ou 300 toises cubes, sur un front entier.

---

ne saurait avoir lieu ici pour ceux du corps de place, parce que les manœuvres d'eau qu'on se propose d'y faire, fixent leur profondeur; mais ce moyen d'égaliser les déblais aux remblais est applicable à tout front de fortification où le fossé n'aura pas cette destination.

Si c'est la somme des remblais qui excède celle des déblais, on augmentera la profondeur des fossés , ou bien on baissera le relief entier de la fortification , ou bien on augmentera tout à la fois la profondeur des fossés , et l'on baissera le relief entier de la fortification , en suivant les mêmes méthodes que pour les remblais; pourvu que, dans aucun cas, ce relief ne perde rien de l'efficacité qu'il doit avoir et qui en est l'objet principal.

D'où il suit que si l'on ne pouvait , sans un inconvénient pareil, augmenter ni diminuer rien de ce relief pour égaliser les déblais aux remblais, il faudrait chercher à suppléer leur différence , savoir pour les remblais excédans en prenant des terres en avant des glacis , et en prolongement de leurs plans (1); et si les déblais excèdent, les répandre sur toutes les parties basses que le terrain offre toujours , soit au dedans ou au dehors de la place , ou dans l'un et l'autre ensemble (a).

---

(1) Ces recreusemens du terrain faits sur le prolongement des plans des glacis, comme on le voit au profil primitif de la lunette, feuille troisième, produisent à l'extrémité de ces glacis un petit ressàut dans le terrain dont l'assiégé peut tirer grand avantage pour l'exécution des sorties qu'il fait sur les têtes des tranchées.

(a) La question de l'égalité des déblais et remblais est très-impor-

Distribution des ateliers, et destination des déblais aux remblais.

Après ces opérations faites, on dessinera de nouveau, sur l'échelle de 8 pouces pour 100 toises, le même front qu'on aura précédemment fait sur les deux feuilles quatrième et cinquième précédentes, mais avec le même détail seulement qu'il aura sur la feuille quatrième, et dans cette nouvelle feuille, qui sera intitulée feuille sixième, on fixera comme dans notre modèle pareillement intitulé, la répartition des ateliers sur les surfaces des déblais, de manière que chaque espace de ce partage ait 3 toises de largeur, qui suffit pour que la manœuvre du déblai se fasse aisément; on marquera aussi les emplacemens des ponts de rampes aux escarpes et contrescarpes, partout où ils seront nécessaires pour la manœuvre des terres; on tracera le chemin particulier de chaque somme

tante, puisque d'elle dépend souvent la possibilité d'exécution d'un projet; la perfection des méthodes graphiques à laquelle on est parvenu maintenant, permet de calculer avec une exactitude aussi approchée qu'on le désire, les quantités de terres à remuer; ces méthodes permettent en même temps de refaire plusieurs fois le même projet avec une assez grande rapidité; de ces deux avantages résulte la certitude de parvenir d'avance à des évaluations plus exactes pour la pratique. (*Note de l'Éditeur.*)

composée d'un certain nombre d'ateliers du déblai, au centre de gravité de chaque partie correspondante du remblai, en observant que les traces ponctuées qui exprimeront ces chemins, ne fassent chacune que celui qu'il faudra pour que chaque masse du déblai aille à sa juste destination, et aussi que les files de brouettes et de cabriolets (1) qu'on fera rouler en même temps ne se croisent pas sur leurs routes.

Pour parvenir à régler judicieusement cette répartition, et justifier autant qu'il sera possible de l'attention infinie qu'exige la combinaison de ces détails, où les négligences influent des doubles emplois, des pertes de temps et des embarras ruineux dans l'exécution des travaux, on partagera chaque partie premièrement déterminée du déblai par tranches à volonté de 4, 5

---

(1) Cabriolet, espèce de petit tombereau dessiné feuille douzième, lequel contient six à sept pieds cubes de terre. On accroche à la queue l'un de l'autre trois ou quatre de ces cabriolets, un cheval seul attelé au premier cabriolet tire le train entier, chargé et roulant sur un terrain horizontal ou sur des pentes douces; et s'il se trouve sur le chemin qu'ils ont à faire quelque contre-pente ou rampe à monter, on attèle en cet endroit un deuxième cheval qu'on y tient prêt pour aider à franchir cette rampe.

ou 6 pieds d'épaisseur réduite chacune , et attachées sur la profondeur de l'excavation , en comptant de la superficie du terrain à déblayer.

La première de ces tranches avec laquelle cette superficie sera enlevée , est naturellement celle qu'on pourra transporter au cabriolet , parce que l'excavation étant peu profonde , et son produit devant être porté au loin, les rampes plus longues et de peu de hauteur seront d'autant plus commodes pour cette sorte de voiture.

La deuxième tranche , c'est-à-dire celle immédiatement au-dessous de la première, pourra encore en partie être transportée de la même manière , particulièrement si le lieu marqué pour son remblai se trouve situé de niveau ou plus bas que celui d'où cette tranche sera tirée : autrement, dès qu'on ne pourra plus se dispenser d'établir des ponts de rampes, surtout aux contrescarpes , le transport se fera à la brouette, ou avec des bêtes de somme, etc.

La supposition que nous venons de faire pour le transport au cabriolet , peut cependant avoir lieu dans l'exploitation entière de la deuxième et même d'une troisième tranche dans les parties de déblais que les fronts qui occupent les hauteurs, feuille première, pourront fournir aux remblais des autres fronts situés plus bas , ainsi que pour relever plusieurs quartiers de la ville , au-dessus des plus hautes eaux qu'on aura intention de manœuvrer dans les fossés pour leur défense.

L'excavation devenant de plus en plus profonde à la troisième et quatrième tranche , etc., occasionera dans les emplacemens , longueurs et hauteurs des ponts de rampes, des changemens sur la disposition desquels il faudra beaucoup réfléchir avant d'en fixer les différens termes.

Enfin , pour exprimer aux yeux la distribution qu'on aura faite de ces différentes tranches sur la même feuille sixième, on y tracera, avec une couleur distinctive, la ponctuation du chemin déterminé du centre de gravité de chaque tranche de toute partie quelconque du déblai, au centre de gravité de la partie de remblai pour laquelle cette tranche aura été destinée. *Voyez* notre feuille sixième, et sa légende instructive.

Au moyen de cette distribution des ateliers, de leurs routes ainsi tracées, et par les méthodes suivantes, on sera en état de déterminer la portée moyenne des terres , comme il faut la connaître , afin de pouvoir régler le prix de leur transport tant à la brouette qu'au cabriolet (*a*).

(*a*) Pour la préférence à accorder suivant les circonstances , à l'emploi des brouettes, bourriquets , camions , cabriolets, tombe-

Détermination de la portée moyenne des terres.

Prévenu que chaque relais est de 15 toises en plaine, et de 10 toises en rampe, on mesurera sur le plan, feuille sixième, avec un compas ouvert de 15 toises, prises à l'échelle, le nombre de relais qu'exigera le transport de chaque partie du déblai sur la trace de la route qu'elle devra tenir, depuis son centre de gravité jusqu'à celui de la partie de remblai correspondante; et ajoutant un relais à chaque route qui traversera l'escarpe pour tenir compte des rampes et des détours, on cherchera le nombre moyen des relais entre tous ceux nécessaires pour le transport entier de cette partie de déblai jusqu'à sa destination.

Quand on aura fait la même opération sur chacune des parties du déblai, on examinera ce qui ne pourra en être transporté qu'à la brouette, et ce qu'on en pourra manœuvrer au

---

reaux à chevaux, etc. *Voyez* les nombreuses expériences rapportées dans le Mémoire sur les terrassemens et sur la manière dont il convient d'en régler les prix dans les travaux de fortification, par M. Vaillant, chef de bataillon du génie; inséré dans le n° 3 du Mémorial de l'officier du génie. *Voyez* aussi, dans le n° 5, le Mémoire du colonel Pinot sur l'emploi des bourriquets.

(*Note de l'Éditeur.*)

cabriolet (1). Ainsi, après avoir séparé la somme des déblais à transporter à la brouette, depuis un relais jusqu'à 7 de distance, de la somme des déblais à transporter au cabriolet, depuis 8 jusqu'à 15 relais et au-dessus s'il s'en trouve, on cherchera pour chacune de ces deux sommes en particulier, le nombre moyen des relais à employer dans son transport. Pour cet effet, on fera successivement les deux règles ou tables d'alliage, dont voici l'énoncé auquel nous joignons deux exemples pour plus de clarté.

Énoncé de la règle d'alliage.

Le nombre moyen des relais qu'on emploiera pour le mouvement de la masse totale du déblai à transporter à la brouette jusqu'à 7 relais de distance et au-dessous, ou au cabriolet depuis 8 jusqu'à 15 relais et au-dessus, sera donné par le quotient d'une division, dont le dividende soit égal à la somme des produits faits de chaque masse particulière de ce déblai, par

----

(1) On ne fera, s'il est possible, usage de la brouette que jusqu'à sept relais de distance et au-dessous, parce que sa manœuvre est plus chère que celle du cabriolet, et l'on emploiera celui-ci depuis 8 relais jusqu'à 15 et au-dessus s'il s'en trouve, supposé aussi que le terrain offre des pentes favorables à cette manœuvre.

le nombre moyen des relais de cette masse, et dont le diviseur soit égal à la somme de toutes ces masses particulières ajoutées ensemble.

Exemple pour les terres à transporter à la brouette, depuis un jusqu'à sept relais de distance.

Supposant donc que les quantités écrites au-dessus de la barre de division, sont alternativement une masse particulière du déblai à faire à la brouette, et la quantité de relais moyens pour le transport de cette masse particulière. Les signes par lesquels ces quantités sont séparées alternativement, leur font évidemment composer le dividende qu'on vient d'énoncer, les mêmes masses particulières répétées chacune sous la barre de division où le signe + les précède alternativement, font voir le diviseur énoncé ; enfin, le chiffre qui suit le signe = montre le quotient cherché,

AINSI :

$$\frac{2500 \times 6 + 2489 \times 5 + 1632 \times 7 + 2527 \times 7 + 2693 \times 7 + 2163 \times 6 + 2523 \times 5}{2500 + 2489 + 1632 + 2527 + 2693 + 2163 + 2523} = 6 \text{ re-}$$

lais moyens à la brouette.

Exemple pour les terres à transporter au cabriolet , depuis huit relais jusqu'à treize , etc.

$$\frac{2752 \times 8 + 2013 \times 10 + 2200 \times 13 + 3500}{2752 \qquad + 2013 \qquad + 2200 \qquad + 3500}$$

$$\frac{\times 12 + 824 \times 9 + 711 \times 9.}{+ 824 \qquad + 711.} = 10\,\tfrac{1}{2} \text{ relais}$$

moyens.

Maintenant pour établir et fixer le prix de la toise cube des terres à transporter de l'une et de l'autre de ces deux manières , il faut nécessairement entrer dans les considérations et faire les détails suivans.

Fixation des prix de la toise cube des terres.

La construction d'un front quelconque de la place donnée , feuille première de nos dessins, peut exiger trois années au moins pour la durée de ses travaux, surtout afin qu'à mesure qu'ils avancent d'une année à l'autre, les remblais des terres et les maçonneries puissent prendre un certain degré d'affaissement et de solidité.

Si, comme nous le supposons ici pour exemple, les déblais égalisés aux remblais des terres du front dont on fait le projet , montent à 50,000 toises cubes, ce sera pour chacune des trois années 10,000 toises cubes à enlever, dont nous supposons trois cinquièmes à transporter à la brouette, et les deux autres cinquièmes au cabriolet.

L'expérience apprend qu'un homme de moyenne force, employé à remplir une brouette continuellement successive à une autre qu'il remplit de même, peut charger ainsi par jour 2 toises cubes de terre de moyenne consistance. Si cette terre ne peut être enlevée toute au louchet, il faudra de plus un piocheur pour la fouiller, il faudra aussi autant d'hommes pour rouler la brouette qu'il y aura de relais, ou de fois 15 toises de distance en plaine, et 10 toises en rampe, du lieu du déblai à celui du remblai correspondant; on observe qu'un rouleur de brouette emploie autant de temps à faire 6 relais de 10 toises en rampe, qu'à les faire de 15 toises en plaine.

Si donc la portée moyenne des terres à transporter à la brouette, a été trouvée par exemple de 6 relais, il est clair qu'il faudra 8 travailleurs, tant pour fouiller que pour charger et transporter en un jour à leur destination, 2 toises cubes de terre de la qualité qui vient d'être supposée.

On peut ordinairement travailler dans plusieurs de nos provinces, depuis la dernière se-

maine de mars, jusqu'à la fin de novembre inclusivement, et dans cet espace de temps on
comptera 11 quinzaines (1) de travail plein.

Chaque atelier exploitant par jour 2 toises
cubes de terre, en enlèvera 3o toises cubes pendant une quinzaine, et 33o toises cubes pendant
11 quinzaines ; ainsi, 144 travailleurs ou 18 ateliers de 8 hommes chacun, enlèveront pendant
ce temps 6,000 toises cubes, et par conséquent
en trois années les 18,000 toises cubes proposées
à transporter à la brouette.

5oo Brouettées qui portent chacune à peu
près 1 pied cube, faisant ensemble 2 toises cubes
de terre, chacun des six rouleurs d'un atelier
pour déblayer 2 toises cubes, fera par jour
1,000 fois 15 toises, ou 6 lieues et un quart de
chemin en roulant sa brouette, tant à charge
qu'à vide.

Tel considérable que soit le volume des
terres à enlever, leur portée moyenne étant déterminée, et leur ténacité connue (2), afin de

---

(1) Chacune de ces quinzaines comprend trois semaines
dont 15 jours de travail plein, le reste est en chômage
occasioné par les jours de fête, les jours de pluie, et
par l'établissement et le toisé des ateliers, lequel se fait
et se paie à chaque atelier à l'expiration de chaque quinzaine.

(2) Ainsi, c'est sur cette ténacité considérée dans ses

mettre plus ou moins d'hommes à la fouille,
il sera aisé, par ce qui vient d'être dit, de trouver le nombre de travailleurs dont on aura
besoin, et par conséquent le nombre de piquets
d'infanterie ou de bataillons qu'il faudra pour
exécuter le mouvement des terres.

La journée d'un soldat travailleur se paie ordinairement 12 sous; ainsi, les 8 travailleurs de
l'un des 18 ateliers ci-dessus, payés chacun à
12 sous par jour, pour enlever 2
toises cubes de terre, portent d'a-
bord le prix de chaque toise cube à.

On emploie de 3 en 3 ateliers un
manœuvre (1) sur le lieu du remblai
pour étendre et régaler les terres
qui y sont apportées du déblai, et
cet homme est payé à 10 sous par
jour; ce salaire réparti sur les
18,000 toises cubes à enlever à la

	liv.	s.	d.
	2	8	0

A reporter. 2 8 0

---

variétés d'un endroit à l'autre du même travail, que doit
être réglé le prix de la fouille des terres. Celui de leur
transport dépend du nombre de relais fixés du déblai au
remblai.

(1) Comme le travail de ces manœuvres n'est pas
aussi continuel que celui des autres travailleurs, leur
journée ne se paie que 10 sous.

Report.   2   8   0

brouette, ajoutera au prix de la
toise cube..   0   1   8

On a l'expérience que malgré la
surveillance des commis, le travailleur pour gagner davantage, augmente la hauteur et la longueur
des dammes ou témoins de son atelier, et que cette fraude évaluée,
influe à peu près d'un soixantième
en plus dans le toisé des travailleurs, que dans celui que les ingénieurs font à l'entrepreneur, ce qui
ajoute encore au prix de la toise cube.   »   1   »

On y joindra ensuite une portion de la dépense que coûteront
58 ponts de rampes, qu'on suppose qu'il faudra faire aux contrescarpes d'un front, et dont chacun
servira pour quatre ateliers. *Voyez*
feuille douzième.

La dépense des ponts semblables
qui seront employés aux escarpes
sera comprise dans les prix des maçonneries. *Voy*. feuille douzième.

On fera donc l'estimation par-

A reporter.   2   10   8

Report. 2 10 8

ticulière d'un des ponts de contrescarpe, en calculant sur ses proportions cotées au dessin, feuille
douzième, et d'après les détails
ci - après donnés pour formules,
le toisé et le prix des solives dont
il sera composé, la quantité pe-
sante et le prix du fer qui y entrera, et ce qu'il en coûtera pour
le changer de place deux fois pendant les trois campagnes. Ce détail
produira, suivant nos suppositions,
124 liv. pour un de ces ponts, et
pour les 58 ensemble, 4712 liv.
qui, réparties sur les 50,000 toises
cubes total du déblai, donneront
pour chaque toise cube environ.. 0 5 $1\frac{2}{3}$

Nous supposons qu'on sait toiser
le solivage d'une charpente quelconque, sur les dimensions données des
pièces qui forment son assemblage;
ainsi, il serait superflu d'en donner
ici des exemples; mais c'est le lieu
d'établir les deux formules suivantes, l'une pour régler le prix du cent

A reporter . . . . . 2 15 $9\frac{2}{3}$

	l.	s.	d.
Report.	2	13	9 $\frac{2}{3}$

de solives de sapin, dont on peut
supposer que ces ponts seront construits ; et l'autre pour régler le prix
de la livre, ou du cent pesant de fer
neuf, par rapport à celui qui entrera dans cette construction.

*Formule pour régler le prix d'un
cent de solives de bois de sapin, qu'on suppose amené par
la navigation de la rivière qui
traverse la place donnée, feuille
première.*

	l.	s.	d.
La solive de ce bois pèse 135 livres, et coûte à **. . . .	2	5	o

Un bateau ordinaire remon-
tant à vide de ** à *** en cinq
jours, et revenant à ** en quatre jours (1), avec une charge

	l.	s.	d.
A reporter.	2	13	9 $\frac{2}{3}$

(1) On suppose qu'il y ait 36 lieues par eau de ***
à ***, un bateau ordinaire de 50 pieds de long sur 14 de
large tire 2 pieds d'eau lorsqu'il est chargé de 100,800 liv.
pesant, équivalant aux 1,400 pieds cubes d'eau que ce
bateau déplace dans cet état. Le pied cube d'eau pèse
70 livres, ainsi ce bateau doit porter la charge des 2,000
solives que nous venons d'établir.

	l.	s.	d.
Report.	2	i3	9 $\frac{2}{3}$

de deux mille solives de ce bois,
coûte pour le maître batelier à
3 livres par jour. . . . .   27 o o

Neuf journées d'un compa-
gnon à 20 sous l'une, et autant
de journées d'un cheval avec
son conducteur à 40 sous l'une,
ci-ensemble. . . . .   27 o o

Le chargement et décharge-
ment des 2,000 solives estimés.   1o o o

TOTAL. . . . . . 64 o o

Qui divisées par 2,000 solives
donnent pour le batelage d'une.   o o 8

Main d'œuvre du charpen-
tier par chaque solive. . . . .   o 6 o

Prix ci-dessus du premier
achat de la solive. . . . .   2 5 o

TOTAL du prix d'une solive de
sapin rendue à **. 2 11 8

Et pour le cent de solives. . 258 6 8

Qu'on portera à 26o livres.

On pourra donc se régler sur
cette formule, et sur la note précédente, pour estimer la valeur réelle
du prix de ce transport, et de la

l. s. d.

Report. . . . . 2 i3 9 ⅔

façon de quelque espèce de matière que ce soit, en se pliant pour
le reste aux circonstances qui dépendent de la diversité des usages
du pays, et des difficultés de la navigation ou des charrois.

Formule pour régler le prix du cent pesant de fer neuf.

Le fer des forges de ***, distantes de ***, de 12 lieues, est
de bonne qualité, et y coûte le
cent pesant. 12   0   0

Un char attelé de 6 chevaux
du pays coûte 5 livres par jour,
et met quatre jours, tant à
aller à vide qu'à revenir chargé
de 2,000 livres pesant de fer,
ce qui fait pour le transport du
cent pesant. i   0   0

Les droits de sortie du pays
étranger s'il a lieu, à raison,
par exemple, de 10 sous par
millier, font pour le cent pe-
sant. 0   i   0

Pour chauffe et façon du

____

A reporter. . . . . i3   i   0   2 i3 9 ⅔

4*

	l.	s.	d.	l.	s.	d.
Report.	13	1	0	2	13	9 $\frac{2}{3}$

cent pesant de fer (déchet com-
pris).   7   10   0

TOTAL du prix du cent pesant
de fer.   20   11   0

Et pour le prix d'une livre
pesant. . . . .   o   4   3

Supposant maintenant qu'il soit employé
33 madriers au pont de contrescarpe qu'on
aura toisé, et que ces madriers soient fixés
chacun par quatre clous de 3 pouces $\frac{1}{2}$ de
long et de 2 lignes de grosseur.

Le pouce cube de fer pesant 5 onces $\frac{1}{3}$,
les 33 clous peseront 5 liv., qui, à 4 sous
3 deniers l'une, feront 1 liv. 1 sou 3 den.
pour la ferrure de ce pont.

Dépense des outils.

	l.	s.	d.
Une brouette, coûte.	2	2	0
Son boulon de fer.	0	10	0
TOTAL.	2	12	0

On estime qu'elle ne dure qu'une campagne, mais le boulon peut servir pendant
les trois campagnes.

Ainsi chaque brouette revient à 2 liv.
5 sous 4 deniers.

A reporter.   2   13   9 $\frac{2}{3}$

	l.	s.	d.

Report. . . . . 2 13 9 $\frac{2}{3}$

Les dix-huit ateliers ci-dessus, de 6 relais chacun, useront pendant les trois campagnes 378 brouettes qui, à 45 s. 4 d. l'une, feront ensemble 856 liv. 16 sous, lesquelles réparties sur les 18,000 toises cubes à enlever à la brouette, donnent pour chaque toise cube. . . . . 0 0 11 $\frac{6}{12}$

Pelles et pioches.

Chaque atelier sera muni d'une pelle et d'une pioche ; la pelle avec son manche coûtera 20 sous et ne durera qu'une campagne ; ainsi, pendant les trois années, il faudra 54 pelles pour les 18 ateliers, plus 18 autres pelles pour les 6 régaleurs, en tout 72 pelles à 20 s. l'une. 72 0 0

Dix-huit pioches estimées 25 sous l'une, le manche compris, et 25 s. en sus pour la réparer pendant les trois campagnes, font 50 sous par pioche, et pour les 18 ensemble. 45 0 0

A reporter. . . . . . .   117 0 0   2 14 9 $\frac{1}{12}$

	l.	s.	d.	l.	s.	d.
Report.	117	0	0	2	14	$9\frac{1}{12}$

Frais de commis relativement aux terres.

Ces 18 ateliers (1) exigeront l'emploi d'un commis payé à 600 liv. par an pour distribuer les billets, prendre les attachemens et faire les toisés pendant les trois campagnes.   1800 0 0

Autre commis garde-magasin pour la distribution et reprise des outils pendant les trois années, à 600 livres par an. 1800 0 0

TOTAL. 3717 0 0

Lesquelles 3717 liv. en pelles, pioches, frais de commis, etc., étant réparties sur les 18,000 toises cubes à déblayer à la

A reporter. . . . . . . 2 14 $9\frac{1}{12}$

---

(1) Dans un ouvrage de plus grande étendue, on emploierait deux ou trois commis comme celui-ci et un autre commis pour payer les ateliers ; mais les appointemens de ce dernier ne seraient que de 600 liv. pour les trois campagnes.

	l.	s.	d.
Report.	2	14	9 $\frac{1}{12}$

brouette, augmenteront le prix de chaque toise cube de ces terres de.   0   4   1 $\frac{1}{2}$

	l.	s.	d.
Total.	2	18	10 $\frac{7}{12}$

A quoi l'on ajoutera le dixième de cette somme pour le bénéfice de l'entrepreneur et pour la dépense des outils, etc.   0   5   10 $\frac{2}{3}$

	l.	s.	d.
	3	4	9 $\frac{1}{4}$

Plus la trente-neuvième partie (1) de cette nouvelle somme pour tenir compte à l'entrepreneur de la retenue que le trésorier fait des 6 deniers pour livre du total du toisé.   0   1   8

Total final du prix d'une toise cube de terre à enlever à la brouette, suivant les suppositions que nous avons établies.   3   6   5 $\frac{1}{4}$

---

(1) Le trésorier exerçant toujours sur la somme totale du toisé la retenue des 6 den. pour liv., il faut que cette retenue soit portée ici au 39ᵉ, afin que l'entrepreneur reçoive net le prix effectif de son toisé.

Remarque.

Comme on peut supposer que sur plusieurs fronts de la place donnée feuille première, il se trouvera des terres imbibées d'eau ou vaseuses, moins commodes à fouiller que celles dont nous venons de parler, on cherchera le nombre particulier et total de toises cubes de ces terres mouillées à enlever, on le multipliera par le prix trouvé de la toise cube des terres sèches ; puis après avoir ajouté à ce produit la sixième partie de la somme qu'il fera, on répartira cette nouvelle somme sur le total des déblais, et le quotient sera le nombre de sous ou deniers dont le prix de chaque toise cube du déblai total devra être augmenté pour cet objet, en observant toujours de séparer ce qui en sera transporté à la brouette, de ce qui pourra l'être au cabriolet.

Si dans quelques parties des excavations des terres, l'eau abondait au point qu'il fallût des machines pour l'épuiser, on fera à part l'estimation de cette dépense, sur la formule que nous en donnerons ci-après ; mais on portera cette dépense toute entière dans celle des grosses maçonneries, parce que ces épuisemens auront lieu plus ou moins partout où les fondations seront sujettes à être noyées d'eau.

Chaque officier faisant le projet d'un front de cette place, pourra supposer à la fois plusieurs accidens du terrain, par lesquels sont occasionées différentes sortes de difficultés dans l'exécution des travaux, et d'où résultent les augmentations dans les prix du toisé ; ces accidens sont expliqués amplement dans le livre intitulé la Science des Ingénieurs, par M. Bélidor (*a*).

Estimation du prix de la toise cube des terres à enlever au cabriolet.

De toutes les tranches des déblais, la première étant susceptible d'être transportée au cabriolet, nous aurions placé cette estimation avant celle du transport à la brouette, si l'usage du cabriolet était plus connu qu'il ne l'est.

Des 30,000 toises cubes à quoi monte le déblai total du toisé, nous en avons destiné 18,000 pour être transportées à la brouette,

---

(*a*) Une nouvelle édition de cet ouvrage a été publiée par M. Navier, ingénieur en chef des ponts et chaussées.
(*Note de l'Editeur.*)

restent 12,000 à transporter au cabriolet, dont nous avons trouvé la portée moyenne à 10 relais $\frac{1}{2}$, faisant ensemble 157 toises $\frac{1}{2}$ de chemin.

Chaque atelier sera composé de 6 cabriolets partagés en 2 trains de 3 cabriolets chacun, un seul cheval suffira pour mener les deux trains, parce que tandis qu'il en mène un chargé, l'autre train reste auprès des chargeurs qui remplissent les 3 cabriolets, et aussitôt que le cheval est de retour avec le premier train qu'il ramène à vide, on le dételle pour l'atteler au train qui vient d'être chargé; ainsi successivement.

Le cheval et l'homme qui le conduit pouvant aisément faire 6 lieues par jour à traîner alternativement, tant chargés que vides, les 6 cabriolets qui composent un atelier, feront par conséquent 91 fois $\frac{3}{7}$ le chemin des 10 relais $\frac{1}{2}$ portée moyenne trouvée des déblais aux remblais correspondans dont il est question; ainsi, ces 6 cabriolets contenant chacun 6 pieds cubes de terre, transporteront ensemble par jour, 3 toises 5 pieds cubes de terre; conséquemment, 6 ateliers et $\frac{1}{3}$ semblables ou 38 cabriolets, charrieront pendant les 3 campagnes les 12,000 toises cubes proposées.

Dépense pour chaque atelier par jour.

Il faudra 2 chargeurs ou 2 journées de chargeurs à 12 s. l'une.   1   4   0

Deux piocheurs au même prix chacun.   1   4   0

Un cheval et son conducteur à 40 sous l'un et l'autre ensemble.   2   0   0

Comme à mesure que l'excavation augmentera il faudra pratiquer des rampes, il convient de tenir compte de 2 chevaux et de 2 conducteurs de plus qu'on pourra placer de manière qu'ils suffisent aux 6 ateliers de cabriolets pour leur aider à franchir les parties rampantes, ainsi pour cet objet 4 liv., réparties sur les 6 ateliers et $\frac{1}{3}$ donnent pour un.   0   12   8

TOTAL.   5   0   8

Qui, divisées par 3 toises 5 pieds cubes, donnent pour chaque toise cube.   1   6   4

La dépense des ponts de rampes des contrescarpes donnent par toise cube.   0   3   1 $\frac{2}{3}$ 1   9   5 $\frac{2}{3}$

A reporter.   1   9   5 $\frac{2}{3}$

	l.	s.	d.
Report.	1	9	5 $\frac{2}{3}$

Six manœuvres (1) payés
chacun à 10 sous par jour pour
régaler les terres des 6 ate-
liers $\frac{1}{3}$ feront ensemble pendant
les trois campagnes.   1485   0   0

Douze pioches $\frac{2}{3}$ suivant le
détail précédent, à 50 s. l'une.   34   10   0

Cinquante-quatre pelles suivant le même détail, à 20 s.
l'une.   54   0   0

Dépense d'un cabriolet.

	l.	s.	d.
Charronnage. . . .	15	0	0
Ferrure.	5	0	0
Entretien d'un an.	3	0	0
Remplacement du charronnage les 2e et 3e année, la ferrure resservant.	38	0	0

TOTAL pour un
cabriolet. . . . 61   0   0

A reporter.   1573   10   0   1   9   5 $\frac{2}{3}$

---

(1) En supposant que de la quantité de terre que ces
six ateliers et $\frac{1}{3}$ transporteront ensemble par jour évaluée à
25 toises 1 pied 8 pouces cubes, il y en aura près de
moitié à régaler sur le lieu du remblai, ces six manœuvres
pourront y suffire.

	l.	s.	d.	l.	s.	d.
Report.	1573	10	0	1	9	5 $\frac{2}{3}$
Et pour 38 semblables pour les 3 campagnes.	2318	0	0			
Un commis à 600 liv. par an, et un autre à 200, pendant les 3 campagnes ensemble	2400	0	0			
Total.	6291	10	0			

Lesquelles 6291 liv. 10 s. réparties sur les 12,000 toises cubes, ajouteront au prix de chaque toise cube, ci. . . . . 0 10 5 $\frac{1}{3}$

Total. 1 19 11

Le dixième pour le bénéfice de l'entrepreneur. 0 4 0

Total. 2 3 11

La trente-neuvième partie pour la retenue des 6 deniers pour liv. 0 1 2

Total définitif du prix de la toise cube à enlever au cabriolet. 2 7 1

Or, suivant le détail précédent, les 18,000 toises cubes à enlever à la brouette, coûteront chacune 3 liv. 6 s. 5 d. $\frac{1}{4}$, et par ce détail-ci les 12,000 toises cubes à enlever au cabriolet coûteront chacune 2 liv. 7 s. 1 d. ; ainsi, en faisant la règle d'alliage qui suit, on aura par son quotient le prix moyen de chaque toise cube des 50,000 qui composent le total des déblais que nous avons pris, pour donner un exemple de la manière dont il faut procéder pour trouver la portée moyenne des terres, et le prix moyen de leur transport.

Table d'alliage.

$$\frac{18000 \times 3 \text{ liv. } 5 \text{ sous } 5 \text{ den. } \frac{1}{4} \; + \; 12000 \times 2 \text{ liv. } 7 \text{ s. } 1 \text{ d.}}{18000 \; + \; 12000}$$

$= 2$ liv. 18 sous 8 den. $\frac{1}{3}$, prix moyen définitif de la toise cube des terres à transporter, tant à la brouette qu'au cabriolet.

Ce prix étant porté à 3 liv. (1) la toise cube, les 50,000 toises cubes, total des déblais supposés, monteront à. . . . . 90,000 liv.

Par la comparaison de ces deux manières d'enlever les terres, on peut se représenter combien il est important de rechercher l'économie dans l'exécution de ce transport et dans toutes les autres parties du travail où l'on peut simplifier les expédiens (2).

____

(1) Cette augmentation de quelque 3 ou 4 sous sur le prix venu au quotient de la règle d'alliage, peut être autorisée pour suppléer à plusieurs accidens qui surviennent pendant le cours du travail.

(2) Lorsqu'on peut prévoir si l'exécution des ouvrages qu'on projette souffrira des suspensions de plusieurs an-

*Dépense des épuisemens d'eau à faire dans la construction du front *** de la place donnée.*

SAVOIR :

Deux moulins à chapelets, valant chacun 800 liv., lesquels rendus à l'entrepreneur à moitié de ce prix, à la fin de l'ouvrage, ci ensemble.	800	0	0
Bois et fer pour leur entretien pendant trois mois, temps supposé nécessaire pour ces épuisemens, par estimation, ci.	15	0	0
Soixante journées de serruriers et menuisiers, à 25 sous l'une.	75	0	0
Quarante-cinq livres pesant de graisse, à 8 sous la livre.	18	0	0
Dix-huit livres de chandelle à 10 sous, ci.	9	0	0
Un sergent conducteur à 40 liv. par mois pendant ledit temps.	120	0	0
Trente-six journées de soldats par chaque 24 heures, à 24 sous la journée chacun, et pendant lesdits trois mois, ci ensemble.	3888	0	0
Deux manœuvres pour entretenir les rigoles à 12 sous chacun par jour, pendant ledit temps.	108	0	0
A reporter.	5033	0	0

nées, au lieu de faire ainsi un prix moyen et général, il est mieux d'en faire deux ou trois différens, réglés chacun sur un degré, ou attachement qu'on assigne, de l'avancement des ouvrages, soit pour les terres, soit pour les maçonneries.

	l	s.	d.
Report.	5o33	o	o
Le transport et placement des deux moulins sur l'ouvrage, estimé.	12	o	o
Trois paniers pour empêcher le gravier d'entrer dans les moulins, estimés. . . .	1	16	o
Onze cordes de bois pour chauffer les ouvriers pendant la nuit, à 12 liv. la corde.	132	o	o
Cinquante-six bottes de paille pour coucher les ouvriers de relais, à 20 livres le cent.	11	4	o
Une barraque de paille pour les loger, estimée.	5o	o	o
Total de cette dépense. . .	524o	o	o

Il paraît naturel de ne supposer dans cet exercice, ces épuisemens à faire que pour les 5 fronts GH, GF, FE, ED et DC, de la place donnée feuille première, et pour parties des deux branches de la couronne, pour sa gorge, ainsi que pour le revêtement du glacis coupé, qui forme la rive droite de la rivière, vis-à-vis cette gorge, et enfin pour les écluses et les batardeaux.

Comme on peut se servir de plusieurs machines différentes pour faire ces épuisemens d'eau, il ne sera question que de connaître celles dont on préférera de faire usage, et d'en établir l'estimation ainsi qu'on vient de faire pour les moulins à chapelet ; au reste, on trouve sur cet objet une collection fort utile dans l'Architecture hydraulique de M. Bélidor.

Quoique nous ayons dit que les frais d'épuisement d'eau seront répartis sur le prix des grosses maçonneries, on sent bien que dans les cas où ces épuisemens auraient plus particulièrement rapport aux déblais des terres, il serait naturel d'en répartir la dépense sur le total de ces déblais ; ou bien, et plus simplement, on pourrait faire de ces frais une dépense à part ; par ce moyen, un entrepreneur n'aurait point de représentations à faire ultérieures à son adjudication, sur une estimation trop faible de ces épuisemens, surtout lorsqu'il survient des accidens qui obligent d'y dépenser au-delà de ce qu'on avait présumé.

Toisés et estimations des Maçonneries.

Avant de procéder à tous les détails dont nous allons donner les formules, il faudra avoir fait trois nouvelles feuilles de dessins relatifs à la construction du front projeté ; on dirigera ces dessins sur les modèles et sur les notes instructives, contenus dans nos feuilles septième, huitième et neuvième.

Le premier de ces dessins, qui aura pour titre

feuille septième, et qui sera fait sur l'échelle de 16 pouces pour 100 toises, représentera particulièrement le plan des fondations du corps de place du front projeté, et sur une échelle plus grande les profils moyens attenans et pris sur chaque branche des revêtemens d'escarpes et contre-escarpes ; le tout coté des proportions qu'on y aura fixées, d'après les hauteurs totales de ces revêtemens au-dessus de leurs fondations respectives, cotées aussi précédemment sur la feuille cinquième, et d'après les épaisseurs qui sont toutes établies au sommet de ces revêtemens, tant dans les profils primitifs, feuille quatrième, que dans les profils moyens de notre feuille septième.

Nous avons renfermé dans cette feuille septième de nos dessins, des détails particuliers de chacun de ceux des bastions de la place donnée qui ont leur intérieur disposé différemment que les autres bastions de cette place, afin que chaque officier puisse trouver sur cette feuille les modèles qui conviendront aux ouvrages du front dont il aura entrepris de détailler le projet.

Notre feuille huitième, qui est une suite de la septième et qui a le même objet, contient de semblables détails, et sur mêmes proportions pour les ouvrages extérieurs d'un front de la même place.

On trouvera dans la feuille neuvième, sur de plus grandes échelles, des exemples de détails particuliers pour la construction, en nombre suffisant, pour qu'on puisse de soi-même faire tous les détails de cette sorte, qu'exigera le projet du front dont on se sera chargé.

Au moyen de ces trois nouvelles feuilles de dessins, accompagnées de leurs légendes instructives, et avec l'exemple que nous donnons ci-après, on pourra faire le toisé proposé.

Il faut encore être prévenu, 1º que dans le toisé des maçonneries, les fondations doivent être énoncées et toisées séparément des nettes maçonneries (1).

2º Que le solide de chaque revêtement au-dessus de sa fondation, l'un et l'autre cotés dans les feuilles septième, huitième et neuvième, se trouve par le produit fait de la surface du profil moyen de ce revêtement, multiplié par le chemin, mesuré du centre de gravité de ce profil, sur la longueur du revêtement correspondante à ce centre de gravité.

3º Que les trois dimensions des contre-forts adossés à chaque branche de revêtement doivent

______

(1) On appelle nette maçonnerie celle de tout revêtement dont une face au moins est vue, et l'on nomme cette face le parement du mur.

être prises sur le plan et le profil du contre-
fort qui est attaché au profil moyen de cette
branche ; ainsi , aux articles des contre-forts ,
on écrira comme dans l'exemple suivant, 15 ou
20 contre-forts longueur ensemble, c'est-à-dire
(longueur de queues prises ensemble) , hauteur
réduite...., épaisseur réduite....; ou bien on toisera seulement le contre-fort moyen en l'énon-
çant pour un , dont on écrira les trois dimensions et leur produit ; puis au-dessous on écrira
ainsi : et pour 15 ou 20 contre-forts ensemble.

4° Qu'à chaque article du solide de la nette
maçonnerie , on doit, comme dans notre exemple suivant , distinguer par une accolade le
produit des deux premières dimensions, pour
avoir à peu près la surface ou le parement vu
du revêtement , afin de pouvoir tenir compte
de la plus-value que la façon de ce parement
influera dans le prix de la toise cube des nettes
maçonneries sur celui des fondations.

5° Enfin , que l'on fera séparément le toisé
des souterrains au-dessus de leurs fondations ,
parce que la dépense pour les cintres qu'on
emploie à la construction des voûtes , jointe à
la plus-value qu'occasione l'appareil des vous-
soirs et leur parement, doit influer dans les prix
de ces maçonneries, une différence remarquable
avec le prix de celles dont on vient de parler.

Exemple pour diriger le toisé des maçonneries d'un front quelconque de fortification.

MAÇONNERIE DES REVÊTEMENS A LA TOISE CUBE.

Fondation de la face du demi-bastion coté A *ou* B *, etc.*

$$
\begin{array}{l}
\hphantom{Epaisseur réd. .}\ \text{t. pi. po.}\\
\left.\begin{array}{lccc}
\text{Longueur.} \ . \ . \ . & 51 & 0 & 0\\
\text{Hauteur.} \ . \ . \ . \ . & 0 & 3 & 0\\
\text{Epaisseur réd. .} & 1 & 4 & 6
\end{array}\right\}
\begin{array}{c}\text{t. pi. p.}\\ 44\ \ 3\ \ 9\end{array}
\end{array}
$$

La nette maçonnerie au-dessus.

$$
\begin{array}{l}
\left.\begin{array}{l}\text{Surface ou pa-}\\ \text{rement de moel-}\\ \text{lons piqués.}\end{array}\right\}\begin{array}{ccc}\text{t.}&\text{p.}&\text{p.}\\ 255&0&0\end{array}
\left\{\begin{array}{lccc}
\text{Longueur.} \ . \ . \ . & 51 & 0 & 0\\
\text{Haut. (1) réd. .} & 5 & 0 & 0\\
\text{Epaisseur réd. .} & 1 & 1 & 6
\end{array}\right\}
\begin{array}{c}318\ \ 4\ \ 6\end{array}
\end{array}
$$

Vingt contre-forts derrière ce revêtement.

$$
\left.\begin{array}{lccc}
\text{Long. ensemble.} & 23 & 2 & 0\\
\text{Hauteur réd.} \ . \ . & 5 & 3 & 0\\
\text{Epaisseur réd..} & 0 & 4 & 1
\end{array}\right\}
\begin{array}{c}87\ \ 2\ \ 0\end{array}
$$

---

(1) Si ces revêtemens n'ont pas partout même hauteur au-dessus de leurs fondations chacun, on sent bien que leur épaisseur à la base ne saurait être la même sur toute leur longueur, ainsi on doit alors écrire comme ici; *épaisseur réduite*, ou par abrégé, *épaiss. réd.*

Quoique, comme on le voit par nos profils, nous ayons réglé le talus des revêtemens sur le sixième de leur hauteur, ainsi qu'on a toujours fait depuis M. le maréchal de Vauban ; on remarquera cependant que plus il sera possi-

Ces trois articles seulement peuvent suffire pour faire connaître l'ordre qu'il faut observer dans un toisé pareil, et l'attention particulière qu'on doit avoir d'en énoncer chaque article brièvement et si clairement qu'on puisse sans hésiter trouver sur les plans et sur les profils moyens des feuilles septième, huitième et neuvième, les parties de leurs dimensions portées à chaque article de ce toisé.

On continuerait donc ensuite, de la face du demi-bastion ci-dessus, de toiser de même et successivement son flanc, la courtine, puis la face et le flanc de l'autre demi-bastion, ce qui se trouverait de revêtement dans l'intérieur de l'un

---

ble de diminuer ce talus sans être obligé d'augmenter beaucoup leur épaisseur au sommet, et conséquemment la dépense, mieux on obviera aux dégradations de leurs faces ou paremens vus; car ces dégradations ont leur cause, en ce que chaque rang de moellons ou de briques n'étant jamais posé par les maçons avec assez de précautions pour que leur tête ou face extérieure soit exactement dans le plan même du parement du mur, chacun de ces rangs de moellons ou de briques présente alors comme autant de dépôts aux pluies et aux neiges, de petites retraites qui sont chacune d'autant plus larges que le talus du mur est plus incliné. C'est pourquoi l'on donne maintenant aux revêtemens des nouveaux ouvrages de Valenciennes et dans plusieurs autres places, le huitième seulement de leur hauteur pour talus.

et de l'autre de ces demi-bastions retranchés ; après quoi la tenaille, savoir : son escarpe, sa gorge et ses deux épaules; ensuite les faces droite et gauche de la demi-lune et de sa contre-garde ; leurs demi-gorges et leurs épaules de droite et de gauche; les réduits des places d'armes rentrantes et saillantes ; les contrescarpes par parties prises vis-à-vis des faces des bastions et des demi-lunes respectivement ; les revêtemens des parapets des chemins couverts, enfin les fondations et les contre-forts de tous les souterrains.

Après cette indication, nous pouvons passer aux détails des prix de la toise cube de ces maçonneries.

Supposons d'abord que leur toisé monte en total à 7800 toises cubes, et que le total des surfaces ou paremens vus des nettes maçonneries qui font partie de ce cube, monte à 3900 toises carrées.

Comme il n'est pas essentiellement de l'objet de cette Instruction de s'étendre sur les différens usages de chaque province dans la construction des fortifications, et qu'on peut trouver là-dessus beaucoup d'éclaircissemens dans les livres intitulés la Science des Ingénieurs et l'Architecture hydraulique, par M. Bélidor, nous renvoyons à la lecture de ces livres sur cette matière, pour ne donner ici sur ces détails que des formules qu'on ne trouve point ailleurs, et qu'on peut employer partout, quoiqu'elles soient établies particulièrement sur les usages suivis dans la direction des fortifications de la Meuse.

Détail du prix d'une toise cube de maçonnerie de revétemens.

On emploie pour une toise cube de maçonnerie, cinq quarts de toise cube de moellons, à cause du déchet qu'occasionent le transport et le maçonnage, cette toise cube coûte 3 liv. à la carrière de ***, ce qui fait pour les 5 quarts. 3 15 0

Cette carrière étant supposée distante de 1000 toises de l'ouvrage, un char attelé de 6 chevaux payé 5 liv. par jour, et faisant dans cet espace de temps six voyages chargé chaque fois de 44 pieds cubes de moellons, transportera à peu près les $\frac{3}{4}$ de toise cube, ci. 5 0 0

Ainsi la toise cube de moellons rendue à pied d'œuvre et prête à y être employée, coûtera. 8 15 0

A reporter. 8 15 0

(l.   s.   d.)

l. s. d.

Report..............   8 15 0

Il entre dans une toise cube de cette maçonnerie un cinquième ou 43 pieds cubes de mortier, dont un tiers de chaux ou 14 pieds cubes, et $\frac{2}{3}$ de sable ou 29 pieds cubes.

La pièce de chaux contenant 7 pieds cubes, coûtera 3 liv., supposée prise à la même carrière. Un tombereau chargeant 2 pièces $\frac{1}{2}$, attelé de 3 chevaux, payés à 3 liv. 10 sous, et faisant par jour six voyages, transportera sur l'ouvrage chaque jour 15 pièces ou 105 pieds cubes de chaux revenant à 9 sous 2 den. $\frac{2}{10}$ l'un rendu, et pour les 14 pieds cubes.........   6 9 3

Le sable pris dans la rivière, à 600 toises de distance supposée de l'ouvrage, à 7 den. le pied cube. Un tombereau attelé et payé comme ci-dessus, chargeant 10 pieds cubes à chacun des 10 voyages qu'il fera par jour, donnera pour valeur du pied cube de sable rendu à pied d'œuvre 1 sou 2 den., et pour les 29 pieds cubes, ci............   1 13 10

Main d'œuvre et façon du mortier.........................   6 0 0

l. s. d.

22 18 1

l.   s.   d.

Report...............   22 18 1

Les paremens de moellons piqués pour les nettes maçonneries, pris à une carrière supposée distante de 1500 toises de l'ouvrage, y coûtent la toise carrée................   6 0 0

Ils ont 9 pouces de hauteur réduite (1), on en pose un cinquième en boutisses de 27 pouces de longueur de queue, et les quatre autres cinquièmes en panneresses de 18 pouces de queue, ce qui donne 22 pouces réduits de queue, qu'on réduit encore à 17 pouces à cause de la diminution qui se trouve à ce moellon dans cette partie; ainsi la toise carrée de ces moellons paramentés ne contiendra en effet qu'un pied cinq pouces de toise cube.

A reporter.......   6 0 0   22 18 1

---

(1) Il y en a de 5 pouces de hauteur, d'autres de 6 pouces, et d'autres de 7 pouces, ce qui fait qu'avec deux assises de 6 pouces, ou avec une de 5 et une de 7 pouces, on arase la hauteur d'une assise de pierre de taille qui est ordinairement d'un pied.

On appelle *boutisse* toute pierre qui a sa longueur entière engagée dans le mur, et *panneresse* celle qui a une de ses longues faces dans le parement ou pan du mur.

	l.	s.	d.	l.	s.	d.
Report............	6	o	o	22	18	1

Si l'on suppose la carrière située sur le bord de la rivière, et un bateau payé à 4 liv. par jour, portant communément par les eaux ordinaires 2 toises cubes de moellons et faisant 3 voyages en 2 jours, ce transport de la toise cube coûtera 1 liv. 6 sous 8 den., et pour la toise carrée sur 1 pied 5 pouc. d'épaisseur... .... o 6 4

Depuis le lieu du débarquement (1) que nous supposons être ici à 600 toises de l'ouvrage, le transport de ce moellon se fera par 8 tombereaux à 3 liv. 10 sous chacun, faisant par jour 10 voyages chargés aussi chacun de 17 pieds cubes, ce qui équivaut à 6 toises cubes $\frac{8}{27}$ pour les 8 tombereaux ensemble par jour; à quoi ajoutant 4 manœuvres à 12 sous par jour chacun, on aura pour le nouveau transport de cha—

	l.	s.	d.	l.	s.	d.
A reporter.........	6	6	4	22	18	1

___

(1) On supposera que ce débarquement se fait à pied-d'œuvre pour les fronts qui sont sur le bord de la rivière.

	l.	s.	d.	l.	s.	d.
Report..........	6	6	4	22	18	1

que toise cube 3 liv. 11 sous
6 den. $\frac{1}{3}$, et pour la toise carrée
susdite de 1 pied 5 pouces d'é-
paisseur.   0   16   10 $\frac{2}{3}$

                       7   3   2 $\frac{2}{3}$

Desquelles 7 liv. 3 sous 2 den. $\frac{2}{3}$ ôtant
2 liv. 1 sou 4 den., valeur de moellon
brut ci-devant estimé, dont
celui-ci occupe la place (1),
restera...................   5   1   10 $\frac{2}{3}$

Mais le mortier ci-dessus
étant seulement tiercé de chaux,
il n'en entrera dans la toise
cube que pour 6 liv. 9 sous
3 deniers; or celui des paremens devant être compté de $\frac{2}{5}$
ou 17 pieds cubes de chaux,
c'est-à-dire de 3 pieds cubes de
plus qu'au précédent, à 9 sous
2 den. $\frac{2}{10}$, le pied cube don-

	l.	s.	d.	l.	s.	d.
A reporter.......	5	1	10 $\frac{2}{3}$	22	18	1

(1) On appelle moellon brut celui qui n'est point pa-
rementé et que nous avons estimé précédemment à 8 liv.
15 sous la toise cube; ainsi une toise carrée sur 1 pied
5 pouces d'épaisseur de ce moellon vaut 2 livres 1 sou
4 deniers.

	l.	s.	d.	l.	s.	d.

Report.   5   1   10 $\frac{2}{3}$ 22   18   1

nera d'augmenta-
tion en chaux. . .   1   7   8 $\frac{3}{10}$

$\frac{3}{5}$ ou 25 pieds
cubes de sable, ou
4 pieds cubes de
moins que dans
le mortier précé-
dent, à 1 sou 2
den. l'un, feront
en moins ci.   0   4   8

Ce reste aug-
mentera le mor-
tier de la toise
cube de.   1   3   0 $\frac{3}{10}$

Et pour la toise carrée de
1 pied 5 pouces d'épaisseur . .   0   5   5

Total du prix de la toise
carrée de ces paremens sur la-
dite épaisseur.   5   7   3 $\frac{2}{3}$

Et pour les 3900 toises carrées, totalité des paremens des nettes maçonneries
20,924 liv. 11 sous 8 deniers qui, réparties sur les 7800 toises cubes de ces
mêmes maçonneries et des grosses maçonneries ensemble, augmenteront le prix de
la toise cube de.   2   13   8

A reporter.   25   11   9

l. s. d.

Report................ 25 11 9

Si les revêtemens devaient être construits en briques comme en Flandre, etc., ce détail-ci indique assez la formule qu'il faudrait se faire pour le prix d'une toise cube de maçonnerie de briques de la sorte de celles dont on construit les revêtemens de fortification, en faisant attention à la manière dont les briques sont employées dans cette maçonnerie. *Voyez* ce qui est dit là-dessus dans la Science des Ingénieurs.

Il a été dit qu'on porterait dans les prix des grosses maçonneries, les dépenses des ponts d'escarpes; comme il en faudra de plusieurs grandeurs, on en estimera deux, l'un plus grand, et l'autre pris dans les plus petits, pour en faire un prix moyen.

Ces ponts étant dessinés et cotés de leurs proportions dans les figures 6 et 7 de la feuille dou-

A reporter........... 25 11 9

l.　s.　d.

Report............　25 11 9

zième (1), on fera le solivage des
bois qui composent leur charpente
sur les dimensions qui y sont cotées, et l'on en règlera le prix sur
la formule que nous avons donnée
pour les ponts de contrescarpes dans
l'article des terres (2). Ce qui y entrera de ferrures sera pareillement
réglé sur la formule qui se trouve
dans le même article pour le prix
du fer.

Ainsi supposant que la dépense de l'un de ces grands
ponts coûte................　466　0 0

Et celle d'un des petits....　227　0 0

Ensemble..............　693　0 0

Le prix moyen sera de.....　346 10 0

A reporter.................　25 11 9

---

(1) On ne fera seulement que copier cette feuille
douzième et sa légende.

(2) Nous allons donner une formule particulière pour
détailler le prix de la solive du bois de chêne, ainsi
on réglera sur cette formule le prix de la charpente de ces

	l.	s.	d.

Report. 25 11 9

Et pour cinq de ces ponts qu'on suppose qui suffiront sur un front pour le transport et la manœuvre des matériaux comme pour les terres.. . . . . 1732 liv. 10 s. 0 d.

Qui, réparties sur les 7800 toises cubes susdites des maçonneries des revêtemens, augmenteront le prix de chaque toise cube de. . . . .   0 4 5 $\frac{1}{3}$

Plus pour l'eau dont on fait usage par chaque toise cube. 1 0 0

                                     26 16 2 $\frac{1}{3}$

Le dixième pour les frais de commis et bénéfice de l'entrepreneur. . . . .   2 13 7 $\frac{5}{12}$

                                     29 9 9 $\frac{3}{4}$

La trente-neuvième partie pour les 6 deniers pour livre de retenue chez le trésorier. . . . .   0 15 1 $\frac{5}{12}$

Total définitif du prix de la toise cube desdites maçonneries. . . . .   30 4 11 $\frac{1}{6}$

Lesquelles 30 liv. 4 sous 11 den. $\frac{1}{6}$ étant prises pour 30 liv. 5 sous 0 d., porteraient les 7800 toises cubes que nous avons supposées pour le total de ces maçonneries à la somme de. 235,950 0 0

---

ponts, si l'on juge à propos de la faire toute de ce bois; ou si on la compose de deux espèces de bois différentes, on aura égard à leurs prix différens.

Dans cet exercice on variera les distances du lieu de l'ouvrage aux lieux d'où l'on supposera qu'on tire les matériaux, et l'on pourra imaginer que dans quelques parties des excavations des fossés de la place, il se sera trouvé une veine de carrière propre à donner du moellon brut ou à parementer, ou de la pierre de taille tendre ou dure, ou de la chaux, etc. ; et sur la supposition d'une semblable découverte, on établira des prix proportionnés pour la toise cube ou carrée, de ces matériaux mis en œuvre.

On accommodera aussi les fondations des maçonneries aux différentes sortes de fonds de terrain qu'on aura supposées. *Voyez* ce que dit là-dessus, le livre de la Science des Ingénieurs.

Les fondations des fronts situés sur les bords de la rivière, pourront être supposées à établir les unes sur racinaux avec ventrières et palplanches (1), les autres sur grillages et charpente, et d'autres sur pilotis et grillages (2).

---

(1) Le revêtement de la gorge de la couronne et celui du glacis coupé en face de cette gorge, feuille première, pouvant être dans ce cas, on en fera des plans et profils particuliers.

(2) Le grand pont éclusé, coté AA feuille première,

Voici à cet effet une formule pour trouver le prix d'un cent de solives de bois de chêne, des différentes façons qu'on emploie dans ces ouvrages.

Détail du prix d'un cent de solives de bois de chéne.

Supposons qu'il y ait trois lieues de distance de l'ouvrage à une forêt où le bois de chêne de sciage propre à faire des palplanches, madriers, etc. coûte le cent de solives. . . . . 56 5 o

Un char attelé et payé comme ci-dessus ne fera par jour qu'un voyage chargé de 14 solives, et pour 100 solives. 35 14 3

Deux charpentiers à 3o sous chacun par jour pour appointer les pilots et les palplanches et pour les conduire. . . . . , . . 3 o o

Seize manœuvres pour la sonnette à déclic (1) payés chacun à

A reporter. . . . . . . 3 o o 91 19 3

ainsi que les écluses Y, Z, k et l, et plusieurs batardeaux, pourront être supposés, en général ou en particulier, susceptibles de cette sorte de fondation. *Voy*. l'Architecture hydraulique sur ces constructions.

(1) Si l'on veut supposer qu'on fasse usage de la machine à déclic qui est dans le cours des épures de la charpente, comme la manœuvre de cette sonnette se fait par

	l.	s.	d.	l.	s.	d.
Report.	3	o	o	91	19	3
12 sous par jour, ci ensemble. .	9	12	o			
Cordages, entretien et bénéfice pour cette machine.	4	8	o			
	17	o	o			

Qui, réparties sur 8 pilots et 12 palplanches qu'on peut supposer que ces ouvriers
battront par jour, et que nous évaluons ici
à 26 solives, donneront pour le battage de
100 solives.. 65   7   9

Total du prix d'un cent de solives de chêne
sciées. 157   7   o

Le cent de solives de chêne équarries coûte
au prix moyen. 225   o   o

A reporter. 225   o   o

le moyen d'un cheval, on supprimera douze ou quatorze
de ces seize hommes, et quoique cette manœuvre soit de
plus lente exécution, on verra qu'elle diminue néanmoins
de beaucoup la dépense. *Voy.* l'Epure de charpente, la formule de calcul à faire, pour savoir combien on enfoncera
de pilots en un jour avec cette machine, en un terrain
supposé homogène, en supposant aussi la longueur nécessaire à ces pilots, jusqu'à ce qu'ils soient enfoncés au
refus de la sonnette (*a*).

(*a*) On peut consulter à cet égard les nombreuses expériences
rapportées dans les travaux hydrauliques de De Cessart.

(Note de l'Éditeur.)

6*

l.   s.   d.

Report. 225   0   0

Le transport comme ci-dessus par 100 de solives. 35   14   3

La main-d'œuvre pour en faire des risbermes, grillages et autres charpentes, se paie au maître par 100 de solives. 55   0   0

Total du prix du cent de solives de chêne équarries et mises en œuvre.. 315   14   3

Si le solivage du bois de chêne à employer dans la construction des ouvrages du front projeté monte, comme nous le supposons ici, à 400 solives de bois de sciage, et à 700 solives de bois équarri et mis en œuvre, sur les prix qu'on vient de trouver pour le cent de solives de chacune de ces deux espèces de charpente ; on trouvera facilement leur prix moyen, en faisant la règle d'alliage suivante.

$$\frac{\overset{\text{solives de sciage.}}{400} \times \overset{\text{prix de cette sol.}}{1 \text{ liv. } 11 \text{ s. } 5 \text{ d. } \tfrac{16}{25}} + \overset{\text{solives équarries.}}{700} \times \overset{\text{prix de cette sol.}}{3 \text{ liv. } 3 \text{ s. } 1 \text{ d. } \tfrac{2}{3}}}{400 + 700}$$

$= 2$ liv. 11 sous 7 den. $\tfrac{1}{2}$, prix moyen de la solive de l'une et de l'autre de ces deux sortes.

Et pour le cent de solives suivant ce prix moyen. 258   2   6

Le dixième pour l'entrepreneur. 25   16   3

283   18   9

A reporter. 283   18   9

	l.	s.	d.
Report.	283	18	9

La trente-neuvième partie pour la retenue des 6 den. pour liv. . . . . 7 5 $7\frac{1}{3}$

Total du prix moyen du cent de solives de chêne. . . . . 291 4 $4\frac{1}{3}$

Qu'on porte à. 291 5 0

Le détail du prix du fer qu'on emploiera dans ces grosses charpentes, sera réglé sur la formule que nous en avons donnée par 51 ; et l'on augmentera ce prix de 9 d. par liv. pesant, pour la plus-value de la main-d'œuvre dans ces ouvrages (1).

______

(1) Les différentes pièces de ces sortes de ferrures consisteront en sabots ou pinces supposées chacune de neuf livres pesant pour les pilots, et de six livres pour les palplanches. En chevilles de deux livres pesant pour employer sur la tête du pilotis. En pareilles chevilles d'une livre pesant chacune pour les racinaux. Pareilles chevilles d'un quart de livre pour fixer les madriers ou planchers sur les grillages. *Idem*, de deux livres et demie pour les liteaux chanfrinés, etc.

Maçonnerie des portes, poternes, profils des passages et des souterrains, à la toise cube en petits paremens (1).

On fera ce toisé de la même manière que celui dont nous venons de donner un exemple, et l'on en séparera pareillement les superficies des paremens par toises, pieds et pouces carrés.

Supposant donc que ce toisé monte en total à 400 toises cubes, et à 600 toises carrées les petits paremens qui s'y trouvent compris.

Détail du prix d'une toise cube de cette maçonnerie.

Pour le moellon, transport, mortier et façon, comme au détail ci-devant des grosses maçonneries, chaque toise cube monte à la somme de. .   22   18   1

La toise carrée de petits paremens étant supposée coûter 5 liv. à la même carrière des moellons piqués dont on a vu que la toise carrée qui y coûte 6 liv., se réduisait à 5 l. 7 s. 3 den. $\frac{2}{3}$ ou 6 liv. 12 s. 8 den. $\frac{1}{3}$; ainsi il

A reporter.   22   18   1

(1) On appelle petit parement celui dont le moellon n'est point piqué, mais seulement battu ou épincé au marteau, et qui coûte moins que le moellon piqué.

<table>
<tr><td></td><td>l.</td><td>s.</td><td>d.</td></tr>
<tr><td>Report. . . . .</td><td>22</td><td>18</td><td>1</td></tr>
</table>

faut déduire de 5 liv., prix de la toise carrée de ces petits paremens, une somme qui soit aux 12 sous 8 den. $\frac{1}{3}$: : 6 liv. : 5 liv.; il viendra 7 s. 1 den. qui, otés de 5 liv., le reste 4 liv. 12 sous 11 den., ou 4 liv. 13 s. sera le prix d'une toise carrée de ces petits paremens.

Et pour les 600 toises carrées ci-dessus 2790 liv. qui, réparties sur les 400 toises cubes, donneront par chaque toise cube. . .   6 19 6

29 17 7

On toisera le solivage de la charpente pour les cintres des voûtes (1), sur les proportions cotées dans les épures de la charpente (2), et

A reporter. 29 17 7

(1) On y comprendra la main-d'œuvre, pour démonter, façonner et remonter ces cintres, afin qu'ils puissent servir d'une voûte à l'autre.

(2) Ou bien on pourra faire soi-même des dessins de ces cintres d'une charpente moins composée qu'à ceux-là, et qui puisse être employée d'une voûte à l'autre avec moins de déchet (a).

(a) L'école de Mézières possédait une collection gravée assez incomplète d'épures de charpente; on la distribuait encore il y a quelques années dans le corps du génie, elle est peu intéressante, surtout depuis que l'École polytechnique a publié des modèles en ce genre, auxquels nous renvoyons le lecteur, qui ont une supériorité marquée sur les épures de Mézières. (*Note de l'Editeur.*)

l. s. d

Report. 29 17 7

supposant que le total à employer ici monte à 200 solives, on dira en se servant du prix moyen réglé ci-dessus :

Deux cents solives de chêne, à 291 liv. 5 sous le 100 ci. . . . . . 582 liv. 10 s. o d.

Qui, réparties sur les 400 toises cubes de maçonnerie de petits paremens, donnent par chaque toise cube. . . . .   1 9 1 $\frac{1}{2}$

31	6	8 $\frac{1}{2}$

Le dixième pour l'entrepreneur. . . . . .   3 2 8 $\frac{1}{20}$

34 9 4 $\frac{11}{20}$

La trente-neuvième partie pour les 6 den. pour livre, ci. . . . .   o 17 8

Prix définitif de la toise cube de cette maçonnerie. . . . .   35 6 o $\frac{1}{2}$

Et pour les 400 toises cubes supposées qu'on peut porter à 35 liv. 10 sous l'une. . . 14200 o o

Quant aux estimations des maçonneries des petits murs, ainsi que pour les maçonneries de briques de toutes les épaisseurs, et pour les charpentes, couvertures, menuiseries, fer-rures, etc., qui seront employées dans la construction des bâtimens militaires qu'on voudra projeter dans la place donnée, nous renvoyons aux détails contenus sur ces objets dans un projet général de casernes de cavalerie qui a été fait par **M.** le chevalier de Chastillon, en 1763 (*a*).

Toisé de la pierre de taille au pied carré parement vu.

Avant de procéder à ce toisé, on dessinera sur une feuille dixième, conformément à nos modèles feuille pareille, le développement de la surface du revêtement à chaque angle saillant des escarpes et contrescarpes, gorges, profils de passages, ainsi que de remparts, parapets, etc., qui devront être en pierre de taille (1).

----

(1) Excepté à ceux de ces angles qui se trouveront d'ouvertures égales et de même hauteur de revêtement entre eux, puisque ce ne serait que répétition des mêmes dessins. On remarquera que les angles rentrans de revêtement n'ont pas besoin d'être en pierre de taille. *Voy.* les figures de la feuille dixième et la légende y relative.

(*a*) Nous ne donnons point ici ce projet de casernes, parce qu'on fait mieux aujourd'hui, et pour se guider dans la construction et la disposition des projets de ces bâtimens militaires nous renvoyons aux dessins et au Mémoire de M. le capitaine Belmas, publiés dans le 6ᵉ numéro du Mémorial de l'officier du génie, soit qu'on veuille des bâtimens à l'épreuve de la bombe ou non à l'épreuve. Cet ouvrage, qui a obtenu un prix d'encouragement du comité des fortifications, est bien supérieur à ce qui existait à Mézières. Quant aux estimations des matériaux employés dans la construction de ces bâtimens, on peut consulter *le Devis instructif des travaux du génie*, ainsi que *l'Analyse modèle* du lieutenant-colonel Bergère, imprimée pour le service des directions des fortifications.   (*Note de l'Éditeur.*)

On exprimera la figure, et on cotera les proportions de ce parement, avec la même précision qu'on aura dû observer dans chacun des dessins, feuilles septième, huitième et neuvième, où la face parementée de chaque pierre de taille différente d'une autre, se trouve figurée et cotée particulièrement.

Ces dispositions établies, on fera ce toisé en trois articles consécutifs, suivant les différentes longueurs de queue qu'on aura fixées aux pierres de taille dans les différentes parties de revêtement où elles seront placées.

Le premier de ces articles comprendra le toisé du parement vu de tous les soubassemens, ainsi que des angles, des socles, etc., où la pierre de taille boutisse et panneresse ensemble (1) ayant 20 pouces de longueur moyenne de queue, contiendra par pied carré, 1 pied 9 pouces cubes, à cause du déchet

____

(1) On pourra fixer, pour chaque boutisse, trente pouces de longueur de queue, sur un pied carré de parement vu, et pour chaque panneresse, dix-huit pouces de queue sur deux pieds carrés plus ou moins de parement vu, dans chaque assise qui sera d'un pied de hauteur, le sixième étant en boutisses, et les cinq sixièmes en panneresses, c'est-à-dire de cinq en cinq panneresses, ou de six en six boutisses; on aura en effet vingt pouces pour longueur moyenne de queue à ces pierres de taille.

qu'occasione dans le solide primitif de cette pierre, la façon de ses lits, de ses joints, et de ses paremens.

Le deuxième article renfermera le toisé du parement vu, de tous les bandeaux, harpes, tableaux, feuillures, voussures et ébrasemens des portes, croisées, abat-jours et lunettes, où le solide occupé par la pierre de taille peut être évalué à un pied cube par pied carré de parement vu.

Le troisième article sera composé du toisé du parement vu de tous les cordons, tablettes, plinthes, etc., dont le solide peut être évalué à 8 pouces cubes par pied carré.

Supposons maintenant ce toisé fait, et qu'il ait produit en total 25oo pieds carrés de parement vu, dont le premier article contienne 56oo pieds carrés, le deuxième article 44oo pieds carrés, et le troisième article 15,000 pieds carrés ; on trouvera par la règle d'alliage suivante, la longueur moyenne de queue, ou le solide moyen par pied carré de parement vu, de toute la pierre de taille qui sera employée dans le front projeté.

$$\frac{\overset{\text{pi. carrés. pieds.}}{5600 \times 2} + \overset{\text{pied.}}{4400 \times 1} + \overset{\text{pi. carrés.}}{15000 \times \tfrac{2}{3}} \text{ou } \overset{\text{pi. pouces.}}{8}}{5600 \qquad + 4400 \qquad + 15000} = 1 \text{ pied,}$$

longueur moyenne de queue, ou un pied cube

par pied carré de parement vu, tout déchet compté.

Détail du prix d'un pied carré de pierre de taille.

	l.	s.	d.
Le pied cube de cette pierre coûtant à la carrière de ****.	o	3	6
En la supposant distante de deux lieues de l'ouvrage, un char payé à 5 liv. par jour, et faisant en deux jours trois voyages à 20 pieds cubes de charge chaque fois, le prix du transport par pied cube sera de.	o	3	4
Prix du pied cube à pied d'œuvre. . .	o	6	10
Mais la longueur moyenne de queue de cette pierre de taille occupant dans la toise cube des nettes maçonneries un pied cube par chaque pied carré de parement vu, donnera ici, d'après l'estimation qui a été faite page 72 du prix de cette toise cube rendue à pied d'œuvre à 8 liv. 15 sous, une diminution par pied carré de.	o	o	$9\frac{1}{2}$
Ainsi le reste sera pour le pied carré, ci.	o	6	$0\frac{1}{2}$
La plus-value pour la façon des arrière-voussures, architraves, corniches et autres parties d'architecture, augmentera le prix du pied carré de.	o	4	o
A reporter.	o	10	$0\frac{1}{2}$

	l.	s.	d.
Report..	o	10	$0\frac{1}{2}$
Le dixième pour l'entrepreneur.	o	1	o
	o	11	$0\frac{1}{2}$
La trente-neuvième partie pour les 6 den. pour livre.	o	o	$3\frac{1}{2}$
Pʀɪx définitif d'un pied carré de parement vu.	o	11	4

Lesquels 11 sous 4 den. étant portés à
12 sous, les 2500 pieds carrés, total supposé
des susdits paremens vus, à 12 sous le pied
carré, donneront ensemble. . . . . 15,000 o o

Quelles que soient les qualités différentes de
pierre de taille qu'on jugera convenable d'employer (1); cette formule doit suffire pour se
guider dans les détails des prix de ces pierres,
relativement aux distances de leurs carrières à
l'ouvrage, et en raison du plus ou moins de
dureté du grain qui les rend plus ou moins diffi-
ciles à tailler.

------

(1) Voyez ce qui est dit dans la Science des Ingénieurs,
sur les diverses qualités des pierres de taille à employer
dans les fortifications.

Pierre de taille au pied courant pour les marches des escaliers, et pour les seuils des portes, etc.

On trouvera sur la feuille dixième de nos modèles, des plans, profils et élévations d'escaliers de différentes longueurs de marches qui auront toutes 7 pouces d'épaisseur ou hauteur, et 10 pouces de largeur ou de giron chacune (1).

Détail du prix d'un pied courant de marche de pierre.

On suppose que le prix courant de marches taillées de 7 pouces d'épaisseur sur 14 pouces de largeur coûte à la carrière.. . . . .   o   7   6

Supposant cette carrière distante de cinq quarts de lieue de l'ouvrage, un char attelé et payé comme ci-dessus, faisant par jour deux

A reporter. . . . .   o   7   6

---

(1) Quelle que soit la pente de la rampe d'un escalier, on doit toujours régler la hauteur et le giron de chaque marche, de manière que le développement, composé de deux fois la première de ces deux dimensions et d'une fois la seconde, soit égal à deux pieds, qui est l'étendue ou le développement du pas d'un homme pour descendre et monter un escalier commodément.

	l.	s.	d
Report.	o	7	6

voyages chargé chaque fois de 35 pieds courans
de cette pierre, le prix de ce transport pour
un pied courant sera de. . . . .   o   1   6

	l.	s.	d
Prix du pied courant rendu à l'ouvrage.	o	9	o
Le dixième pour l'entrepreneur..	o	o	11
	o	9	11
La trente-neuvième partie pour les 6 den. pour livre.	o	o	3
Prix définitif du pied courant de marches..	o	10	2

Ces 10 s. 2 d. pourraient être portés à 11 s. ;
ainsi après avoir compté la quantité de marches
de chaque longueur, qui seront employées dans
les différens escaliers du front projeté, on cherchera une longueur moyenne en pieds courans
qui, multipliée par le nombre total des marches
employées, et ensuite par 11 s., valeur trouvée
du pied courant, donnera la somme de cet article de dépense.

Quant à l'estimation du prix de la toise carrée de pavé ordinaire à employer pour les
poternes, les souterrains, les passages des
portes, etc. Nous renvoyons aux détails estimatifs d'un pavé de cette espèce, qui sont
dans le projet général des casernes de cavalerie, dont nous avons parlé.

On y trouvera aussi les détails des prix du plancher neuf de chêne, de différentes épaisseurs à la toise carrée, pour l'estimation à faire des vantaux des portes, des croisées et des abat-jours quelconques des souterrains du front projeté, et dont il sera donné des modèles lorsqu'on en sera à ces détails.

Les prix estimatifs des menues ferrures, ceux de la toise carrée de couverture d'ardoise (1), ceux des menuiseries, et ceux du verre neuf au pied carré pour les croisées des bâtimens militaires ; le prix de la livre de fer coulé pour les plaques des cheminées sont aussi détaillées dans le même projet susdit (*a*).

Gazonnement.

On ne revêtit aujourd'hui en gazonnement, les parapets du corps de place et des ouvrages, qu'intérieurement, et en temps de guerre, et

---

(1) Nous ne donnons point ici de formule pour détailler le prix de la toise carrée de toute couverture autre que celle d'ardoise pour laquelle nous renvoyons au projet général des casernes de cavalerie, parce que c'est toujours la même méthode à suivre, et qu'il ne faut seulement à cet égard que consulter la différence de manufacture et de lattis dans les différentes sortes de couvertures.

(*a*) Voyez la note de l'Éditeur, pag. 89.

seulement lorsque les terres recoupées, suivant les proportions des profils, n'ont pas assez de consistance pour se soutenir sans ce revêtement qui coûte beaucoup et dure peu ; c'est même autant pour en éviter la dépense, que par utilité reconnue qu'on a pris, surtout dans les places de la Flandre, le parti de revêtir l'intérieur des parapets (1) d'un petit mur qui s'élève de 3 pieds au-dessus de la banquette, et le reste des 4 pieds et demi, hauteur totale du parapet, est couronné de 3 ou 4 lits ou assises de gazons.

Détail du prix d'une toise carrée de gazonnement.

La fauchée de prés qui se loue ordinairement 20 liv. dans la prairie de *** est composée dans

---

(1) Nous n'indiquons dans cette Instruction ces revêtemens à faire aux parapets, que pour celui seulement du chemin couvert, parce que les parapets des autres ouvrages sont moins exposés aux dégradations, et qu'en temps de siège, on peut toujours recouper ceux-ci plus à son aise qu'il ne serait possible de le faire au chemin couvert qui est la partie la plus exposée de toute la fortification.

ce pays-ci de 80 verges de 22 pieds, de 11 pouces de roi, et équivalant à 11 toises 1 pied 9 pouces carrés.

Chaque morceau de gazon ayant 15 pouces de long sur 6 pouces de large et 6 pouces d'épaisseur, il s'en trouvera 55 morceaux dans la toise carrée, et par chaque verge 620 morceaux que l'on comptera pour 600, à cause du déchet, et par fauchée 48,000 gazons.

	l.	s.	d.
Le dommage qui en résulte pour la prairie ne se répare qu'au bout de trois années qui, à 20 liv. par an pour chaque fauchée, exige pour l'indemnité des 48,000 gazons, ci. . .	60	0	0
Et pour le millier de gazons.	1	5	0
Un gazonneur payé à 30 sous par jour, en coupe mille.	1	10	0
La prairie supposée distante de 900 toises de l'ouvrage, un tombereau payé à 3 liv. 10 sous, faisant par jour 6 voyages, chargé chaque fois de 75 gazons, ce sera pour le millier.	7	15	6 $\frac{2}{9}$
Un manœuvre pour charger et décharger ces gazons.	0	12	0
TOTAL du prix d'un millier de gazons.	11	2	6 $\frac{2}{9}$

Le gazon mis en œuvre, l'herbe en dessous, est réduit à 4 pouces $\frac{1}{2}$ de hauteur sur 5 pouces $\frac{1}{2}$ de large à

	l.	s.	d.
son parement (1), ainsi 200 gazons par toise carrée à 11 l. 2 sous 6 deniers le mille...	2	4	6
Un gazonneur-maçon payé à 3o sous par jour, et son manœuvre payé à 12 sous, en font par jour 4 toises carrées, ci pour une.	o	10	6
	2	15	o
Le dixième pour l'entrepreneur.......	o	5	6
	3	o	6
La trente-neuvième partie pour les 6 den. pour livre................	o	1	$6\frac{8}{13}$
Total du prix définitif d'une toise carrée de gazons.............	3	2	$0\frac{8}{13}$

Qu'on pourrait porter à 3 liv. 4 ou 5 sous, à cause des déchets auxquels cette matière est sujette dans les façons.

Palissadement.

On fait ordinairement les palissades de bois de chêne refendu sur toute sa longueur (2),

______

(1) On les pose tous en boutisses, en observant que les joints de chaque assise recroisent ceux de l'assise du dessous.

(2) Cette longueur est fixée à neuf pieds pour le palissadement entier d'un chemin couvert, y compris les crochets des traverses, lorsqu'on élève dans ceux-ci une ou

en deux, trois ou quatre parties ou davantage, tant que la grosseur du bois le permet, pour que chaque palissade ait au moins 6 et 4 pouces de grosseur réduite. Sur ces dimensions moyennes, on emploie huit palissades par toise courante du rang qu'elles forment, dans lequel elles sont espacées de 9 pouces de milieu en milieu de leurs intervalles, qui se trouvent chacun de 3 pouces, leur longueur est de 9 pieds; ainsi un cent de pareilles palissades

---

deux banquettes de maçonnerie, afin de ne négliger aucune partie du parapet du glacis d'où l'on puisse faire feu sur le dehors.

De cette longueur de neuf pieds, il en entre en terre trois pieds neuf pouces, et les cinq pieds trois pouces restans s'élèvent au-dessus de la banquette, la pointe surmontant de neuf pouces la crête du glacis.

Si l'on ne fait point de banquettes dans les défilés des traverses, et qu'on y réduise, comme à l'ordinaire, la hauteur de la crête du glacis, à six pieds six pouces au-dessus du terre-plein du défilé, comme figures 1 et 2, feuille onzième, alors les palissades étant de sept pieds trois pouces hors de terre doivent être au moins de onze pieds de longueur totale, à laquelle il faut avoir égard dans l'estimation, en raison de la somme des longueurs des défilés où elles seront employées sur le front entier projeté.

On donne aussi cette longueur quelquefois aux palissades qu'on emploie en bermes et en fraises dans les fortifications en terre.

plantées dans cette disposition occupera 12 toises 3 pieds de longueur, et leur solivage donnera 48 solives 2 pieds qu'on peut prendre pour 50 solives, pour évaluer chaque palissade à une demi-solive. *Voyez* feuille onzième et sa légende, dont chacun fera une copie.

Détail du prix des palissades plantées au cent de palissades ou à la toise courante du rang. (Ce qui est le plus usité.)

	l.	s.	d.	l.	s.	d.
Supposant qu'elles seront coupées dans les mêmes forêts que nous avons déjà citées, distantes de trois lieues de l'ouvrage, le cent de solives payé.	56	5	0			
Cent palissades coûteront. . .	28	2	6			
Et pour huit palissades, par toise courante.				2	5	0
Un char payé à 5 l., faisant seulement par jour un voyage chargé de 14 solives, transportera à pied d'œuvre en trois jours $\frac{4}{7}$, cinquante solives ou cent palissades.	17	17	2			
Et pour huit palissades par toise courante..				1	8	7
Deux ouvriers payés à 30 s. chacun, fendront ensemble par jour 80 palissades, ci pour un cent. .	3	15	0			
Et pour huit palissades. . . .				0	6	0
A reporter.	49	14	8	3	19	7

	l.	s.	d.	l.	s.	d.
Report.	49	14	8	3	19	7

Trois solives 9 pouces de lambourdes de 12 toises 3 pieds de
longueur, pour clouer ensemble
les cent palissades dans
leur rang, à 11 s. 3 d. la
solive prise au bois. . . 1 15 2

Transport de ces 3 so-
lives 9 pouces depuis le
bois jusqu'à l'ouvrage,
à 5 liv. pour 14 solives.. 1 2 10

Sciage de ces 12 toises
3 pieds de longueur de
lambourde, à raison de
10 liv. pour le cent de
toises. 1 5 0

> 4 3 0

Et pour une toise courante de
ces lambourdes. 0 6 8

Une toise 1 pied 10 pouces
cubes d'excavation de la tranchée
sur lesdites 12 toises 3 pieds de
longueur, 1 pied de large et
3 pieds 9 pouces de profondeur,
pour planter le rang de palissades, à 20 s. la toise cube, dé-
blai et remblai compris. 1 1 10

Et pour une toise courante de
cette tranchée. 0 1 9

Deux charpentiers payés chacun à 30 sous, l'un affilant, l'au-

	l.	s.	d.	l.	s.	d.
A reporter.	54	19	6	4	8	0

	l.	s.	d.	l	s.	d.
Report.	54	19	6	4	8	0

tre plantant les palissades, avec un manœuvre à 15 s., planteront ensemble par jour environ 7 toises courantes de palissades, ci pour un cent. . . . . — 6 14 3

Et pour huit palissades par toise courante.. . . . . — 0 16 9

Cent clous à tête de diamant de 20 à la livre, pesant ensemble 5 livres, à 5 s. la livre. . . . . . — 1 5 0

Et pour huit clous pareils par toise courante. . . . . — 0 2 0

	l.	s.	d.	l	s.	d.
	62	18	9	5	6	9
Le dixième pour l'entrepreneur.	6	5	10	0	10	8
	69	4	7	5	17	5
La trente-neuvième partie pour les 6 deniers pour livre.	1	15	6	0	3	0

Total du prix d'un cent de palissades plantées. . — 71 0 1

Total du prix de la toise courante d'un rang de palissades plantées.. . . . . . . — 6 0 5

L'un et l'autre de ces deux prix donne le moyen de faire l'estimation d'un palissadement soit au cent de palissades, soit à la toise courante qui est la manière la plus généralement usitée ; mais lorsque les palissades sont, comme on pourra le supposer dans cet exercice, amenées dans la place par voitures de corvées, le prix du palissadement diminue considérablement, et dans le détail que nous venons de donner pour formule, ce prix se réduirait à 4 livres 7 sous 2 deniers la toise courante de palissades plantées ; ainsi, on pourra calculer sur cette dernière supposition.

On trouvera dans les figures 8 et 10, des feuilles dixième et onzième de nos dessins, des détails de grandes et petites barrières de chemin couvert qui sont ordinairement en bois de chêne, et dont le toisé se fait à la solive, comme pour toute autre sorte de charpente, dont le prix, ainsi que celui de leur ferrure, peuvent être facilement déterminés sur les formules que nous avons données précédemment, et sur celles qui sont dans les détails du projet général déjà cité des casernes de cavalerie (*a*).

(*a*) Ce qu'on vient de lire depuis et y compris l'article *Toisés et estimations des maçonneries*, donne une idée parfaite de ce qu'on appelle *devis* et *analyse* : de la perfection de ceux-ci dépend l'économie dans les travaux, et par suite la faculté d'en faire le plus possible. Il est donc de la plus grande importance de réunir sur ce sujet les données les plus exactes et les plus nombreuses ; aussi tous les ingénieurs civils et militaires ont-ils toujours porté une grande attention vers ce but, ils en ont consigné les résultats dans différens ouvrages qu'il sera nécessaire de consulter ; nous ajouterons au Devis instructif des travaux dépendans du service du génie et à l'analyse

Grands ponts dormans devant les portes de la place.

Il reste à indiquer la construction et l'estimation des grands ponts dormans, sur le travers des fossés devant la courtine, et devant les ouvrages extérieurs à chaque porte d'entrée de la ville.

L'usage le plus généralement suivi jusqu'à présent, à cet égard, a été d'établir ces ponts en charpente toujours de bois de chêne, sur des piles de maçonnerie. Les plans et profils détaillés et cotés de leurs proportions, feuille douzième, depuis la fig. 8 jusqu'à la fig. 15, suffisent pour faire entendre la construction de ces ponts, et pour mettre en état de faire le toisé et de régler le prix de toutes leurs parties; mais comme l'entretien de leur charpente et le renouvellement qu'on est obligé d'en faire tous les vingt ans deviennent à la longue très-coûteux, surtout dans les pays où le bois est cher; on préfère aujourd'hui dans plusieurs places de

---

modèle imprimée pour le service des directions des fortifications indiqués pag. 89, le tome 2 des OEuvres de Gauthey, inspecteur général des ponts et chaussées, les Devis et Marchés des études d'architecture civile, à l'usage de l'Ecole des ponts et chaussées, par M. Mandar, ingénieur en chef; la Description des travaux hydrauliques de De Cessart, etc. *(Note de l'Editeur.)*

les construire entièrement en maçonnerie (1),
et d'y faire les appuis en fer, dont les poteaux
sont de fer coulé, et les lisses et sous-lisses de
fer en barre, la première dépense de ces ponts
de pierre est double de celle des ponts de charpente ; mais aussi ils durent des siècles entiers,
sans avoir besoin de réparation que de celle du
pavé qui est la même pour les autres ponts.

Portes de la ville et pavillons sur ces portes.

La treizième et dernière feuille des dessins
relatifs à cette première partie de notre exercice
sur les fortifications, contient les plans, élévations et profils d'une porte telle qu'on pourrait
l'exécuter à chacune des entrées de la place
donnée feuille première, où ces portes sont

---

(1) Cependant on n'a fait encore de ces ponts entièrement en pierre que devant les courtines, mais on pourrait construire de même ceux devant les demi-lunes et
autres ouvrages extérieurs, si l'on observait aux uns
comme aux autres de pratiquer, dans chacune de leurs
piles, deux ou trois petits fourneaux à poudre, pour les
faire sauter dans l'occasion. On y emploierait également
les ponts-levis, en perçant à travers le massif de l'arche la
plus proche de la porte, une lunette qui rendrait cette
porte inaccessible.

cotées T V X et m; les détails et la légende de
ce dessin feuille treizième, avec les formules
répandues dans le projet cité des casernes de
cavalerie, mettront en état de faire l'estimation
de ce bâtiment; et, comme nous croyons qu'il
suffit pour donner l'intelligence du projet de
tout autre bâtiment militaire quelconque, nous
n'amplifierons pas davantage cette première
partie; parce qu'en y rassemblant les principes,
les méthodes et les modèles nécessaires pour
diriger chaque lieutenant en second de l'école
du génie, dans le cours du travail qu'il faudra
qu'il fasse sur cet exercice, nous avons dû combiner le temps que chacun de ces officiers sera
obligé de donner à ce travail, de manière qu'il
puisse y satisfaire complètement comme à chacun des autres objets de son instruction (*a*).

Quand on aura fait et détaillé, conformément à notre Instruction, chacun des articles
de toisés et d'estimations des ouvrages du front
dont on aura dressé le projet, on rassemblera

(*a*) Il est reconnu maintenant en principe que l'architecture
prodiguée pour ces portes est une dépense totalement inutile; les
pavillons sont également rejetés comme étant ou trop insalubres ou
trop exposés au canon de l'assiégeant, et nous n'avons donné la
planche 13 que parce quelle contient des détails qui peuvent être
applicables à d'autres bâtimens.

(Note de l'Éditeur.)

le total et l'énoncé de chacun de ces articles
dans une récapitulation qui sera intitulée ainsi :

*Récapitulation des articles du projet, et toisé
général estimatif du front des deux demi-
bastions cotés..... et....., etc.*

Enfin, on terminera cet ouvrage par un
Mémoire raisonné sur la situation, le tracé,
et le relief des fortifications du front qu'on
aura projeté, relativement à celles de la place
donnée en général, et surtout à celles des deux
fronts contigüs à celui-là ; on y rendra compte
des opérations qu'on aura faites pour diriger
ce tracé, et pour régler ce relief, en donnant
les raisons qui y auront déterminé dans chaque partie ; on y rapportera pareillement tout
ce que la construction des ouvrages de ce front
offrira de remarquable.

Chaque lieutenant en second de l'école du
génie, après qu'il aura complété cette première
partie, copiera la deuxième partie en entier,
et l'étudiera pour se mettre en état de subir sur
l'exercice complet, l'examen des trois commandans de l'école.

DEUXIÈME PARTIE

DANS LAQUELLE ON TRAITE L'ATTAQUE ET LA DÉFENSE DE LA MÊME PLACE, DONT LE TRACÉ, LE RELIEF ET LA CONSTRUCTION ONT FAIT LE SUJET DE LA PREMIÈRE PARTIE DE CET EXERCICE.

La carte générale et sa légende, feuille première, des dessins que nous joignons à cette deuxième partie, présentent le tableau des opérations préliminaires d'un siége dont nous allons détailler le projet, sous la forme d'une Instruction dans laquelle notre objet principal est de rassembler, pour les lieutenans en second du corps du génie, les méthodes et les pratiques de l'art que les ingénieurs exercent dans la guerre des siéges.

Quant aux manœuvres et aux dispositions que les armées de siége et d'observation, ainsi que l'armée auxiliaire, sont supposées faire chacune pour prendre des positions convenables, et s'y assurer leurs subsistances et leurs approvisionnemens de toute espèce ; enfin, et généralement toutes les fois que nous ne pourrions ici que répéter, mot pour mot, ce qu'on trouve dans nombre de Mémoires connus sur cette partie de la guerre ; nous renvoyons à la lecture de ceux principalement de M. le maréchal de Vauban (1), et de ce que disent avec beaucoup de précision sur ce chapitre, M. de Feuquières, dans le quatrième volume de ses Mémoires militaires, et M. le maréchal de Puységur, dans son premier volume de l'Art de la guerre.

Tracé, relief et construction des lignes et des retranchemens.

Abstraction faite des détails de l'investissement, parce qu'on les trouve circonstanciés parfaitement dans les auteurs que nous venons de citer, nous débutons ici par établir que

---

(1) C'est son Traité de l'attaque et de la défense des places. (*Voyez* l'édition de 1829) Lisez aussi les Mémoires de Goulon sur le même sujet : ce qu'en dit le chevalier de Folard dans son Commentaire sur Polybe. Le Traité de la sûreté des Etats par le moyen des places fortes, par M. Maigret (a).

(a) Il faut ajouter à ces ouvrages les meilleurs Traités de tactique et de stratégie publiés depuis les guerres de la révolution.

(Note de l'Editeur.)

neuf ou dix brigades d'ingénieurs, pourvues des instructions de leur commandant en chef, et distribuées dans tous les quartiers de l'investissement de la place proposée, traceront et feront exécuter autour de l'armée assiégeante, et sur le front de l'armée d'observation, les lignes et les autres retranchemens qu'on voit figurés sur la carte feuille première, et motivés dans la légende instructive de cette carte.

Ces lignes et ces retranchemens tiendront partout des variétés du terrain, leurs espèces et leurs figures différentes.

Comme l'exécution de ces ouvrages exige ordinairement la plus prompte expédition, chaque partie d'un retranchement doit être faite du produit de l'excavation du fossé qu'elle a devant elle. L'art en ceci consiste donc à saisir le terrain de manière que le tracé et le relief d'un retranchement combinés ainsi, prennent les directions et les commandemens les plus efficaces contre les approches de l'ennemi.

La multiplicité des angles dans le tracé des lignes, comme dans celui de tout système de fortification en général, augmentant le développement de ce tracé, occasione plus de travail et de dépense dans la construction des ouvrages (1). Ainsi, on ne doit pas multiplier les angles sans nécessité, ni les éloigner l'un de l'autre, tellement que leurs lignes de défense réciproque soient l'une ou l'autre de plus de 150 toises, portée ordinaire du mousquet (2).

Sur ces principes modifiés suivant les circonstances propices ou défavorables du terrain, on peut varier, presque à l'infini, le tracé des retranchemens. Ainsi, lorsque d'une partie horizontale du terrain sur laquelle la ligne sera tracée par redans ou par bastionnemens, etc., nous avons à lui faire gagner, soit en montant, soit en descendant, le rampant de quelque hauteur, nous donnerons à son tracé la figure d'une

---

(1) On trouvera peut-être ce défaut dans quelques parties de notre circonvallation, feuille première; mais notre intention a été de varier les figures du tracé, autant que de faire voir qu'il est cependant des situations où l'extrême accessibilité du terrain oblige, pour multiplier les défenses, de composer plus qu'ailleurs le tracé des retranchemens dont on a besoin de se fortifier dans ces sortes de situations.

(2) On peut voir dans M. de Vauban, dans l'Ingénieur de campagne de M. de Clairac, et sur plusieurs dessins transmis par d'habiles ingénieurs, les proportions les plus admissibles pour le tracé des lignes et des retranchemens de quelque figure qu'ils soient.

crémaillère dont chaque branche ayant sa direction transversale à ce rampant, doit être flanquée par le crochet de retour, auquel l'extrémité inférieure de cette branche est attachée (1). Dans tous les cas, nous observons que tout angle flanqué de ces crémaillères, ainsi que des redans, de quelque figure qu'ils soient, occupe le point le plus éminent du terrain sur lequel ses deux branches seront établies. C'est ici le seul moyen de défiler les branches des retranchemens.

Si la ligne se trouve avoir en face des hauteurs parallèles à sa situation, nous sauvons par le tracé, les directions de ses branches d'être plongées des points dominans de ces hauteurs (2), pourvu cependant qu'elles soient assez éloignées de la ligne pour ne pas incommoder l'intérieur des camps, autrement on serait obligé de la porter jusque sur ces hauteurs même sans avoir égard à la position du camp.

______

(1) Voyez ces crémaillères en plusieurs parties de nos lignes, feuille première.

(2) Voyez, même feuille première, le tracé de la circonvallation à droite et à gauche du village coté VI, où nous supposons que l'intérieur du camp n'est point vu de la hauteur du village coté VII.

Pour donner à l'investissement le moins qu'on pourra d'étendue en développement, on le rapprochera de la place à des distances quelquefois beaucoup moindres que 1500 toises, lorsque le terrain offrira pour cela des positions où les lignes puissent avoir leur efficacité, et les camps leur commodité avec leur sûreté à couvert des vues des fortifications de la place (1).

La continuité des lignes est interrompue partout où des marais impraticables, des rochers escarpés, des vignobles garnis d'échalas, des bois fourrés, etc., forment des obstacles suffisans (2), partout ailleurs ces lignes sont continues, et la circonvallation surtout est renforcée par des abatis, des palissades, des retenues d'eau et des puits, suivant que les

---

(1) Voyez la partie de l'investissement comprise entre les villages cotés I et II; remarquez aussi que pour couvrir le village II contre la hauteur qu'il a devant lui, on occupe une portion de cette hauteur par un couronné à trois redans.

(2) On voit ces obstacles sur les droite et gauche du village coté IV, entre les villages cotés XI, XII et XIII, jusque vers la commanderie, feuille première. Les villages cotés VII et XIII, l'un et l'autre en avant de la circonvallation, sont occupés chacun par un régiment de troupes légères dont la destination est évidente.

parties du terrain que cette ligne occupe, sont plus ou moins accessibles (1).

La ténacité plus ou moins forte des terres sur lesquelles on se propose d'élever ces retranchemens, indique le moins ou le plus d'inclinaison à donner aux talus d'escarpe et de contrescarpe de ces retranchemens, figure 3, feuille deuxième.

Quelle que soit l'inclinaison connue de ces talus, dès qu'on aura calculé la surface du profil du retranchement, et qu'on aura réglé la profondeur de son fossé, il sera facile de trouver la largeur que devront avoir le dessus et le fond de ce fossé, pour que la surface de son profil soit égale à celle du profil donné du retranchement, dont le solide doit, comme nous l'avons déjà dit, être formé du produit même de l'excavation du fossé à chaque toise courante de longueur réciproque du déblai au remblai, figure 1, feuille deuxième.

---

(1) Voyez-en la disposition sur la carte, feuille première, et les détails, feuille deuxième des dessins. Voyez aussi le chapitre XXIVe de Vauban, et la planche 33e relative à ce chapitre, sur la manière d'empêcher les secours (a).

(a) Voyez l'article *Secours*, pag. 224 de la nouvelle édition de l'Attaque des places de Vauban, publiée en 1829 par M. Augoyat, chef de bataillon du génie.　　　(*Note de l'Editeur.*)

Suivant les situations plus ou moins exposées, et relativement aux circonstances des temps, des lieux et des affaires, on varie les épaisseurs et les hauteurs des retranchemens, ainsi que les largeurs et profondeurs de leurs fossés (1).

Nous donnons ici uniformément 6 pieds d'épaisseur sur 7 pieds $\frac{1}{2}$ de hauteur de parapet, et 6 pieds de profondeur de fossé, à tous nos retranchemens, excepté à la contrevallation où l'on réduirait le parapet à 4 pieds d'épaisseur et 7 pieds de hauteur, parce que cette ligne n'est pas exposée comme la circonvallation à soutenir de si fortes attaques. On peut aussi, par cette raison, donner un peu moins de soins à la construction de cette première ligne; on pourrait même s'en passer absolument devant les parties de l'investissement qui se trouveront derrière les attaques de la place; puisque, sur

─────────────────────

(1) Si l'on avait à fortifier ainsi en terre un village, un bourg ou une petite ville pour en faire un poste sur la droite, au centre ou sur la gauche d'une position d'armée, soit en campagne, soit en cantonnement, on sent bien que les profils que nous donnons ici pour nos lignes ne seraient pas suffisans, et qu'il faudrait augmenter les hauteurs et les épaisseurs des parapets, ainsi que les largeurs et profondeurs des fossés; alors cette construction peut se conduire comme celle des fortifications des places.

l'étendue entière de leur front, ces attaques auront elles-mêmes l'effet d'une puissante contre-vallation.

La berme qu'on est dans l'usage de laisser à l'escarpe des retranchemens, lui sert de contrefort de butée très-nécessaire, lorsque les terres ont peu de consistance ou que le fossé du retranchement peut s'emplir d'eau, on fraise cette berme d'un rang de palissades (figure 6, feuille deuxième), pour remédier à l'inconvénient qu'elle a d'offrir un gradin à moitié talus de l'escarpe ; mais si le retranchement était formé de terres fortes, il serait plus simple et plus efficace de supprimer la berme pour faire l'escarpe depuis son sommet jusqu'au fond du fossé, sur un seul talus incliné des trois quarts ou des deux tiers de sa hauteur totale, figure 8, feuille deuxième ; ou bien, on peut diminuer la largeur de cette berme, jusqu'à 2 pieds ou 18 pouces, lorsque, comme figure 9, feuille deuxième, on ne s'est proposé de la garnir d'aucune autre défense.

On sait par expérience qu'un pionnier ou journalier de corvée, peut aisément fouiller par jour un tiers de toise cube de terre ordinaire ; ainsi connaissant le solide par toise courante du retranchement, suivant le profil qu'on aura choisi, et le nombre de tiers de toises cubes qui se trouveront dans ce solide (a), on aura le nombre de jours qu'un pionnier emploiera à creuser, sur la longueur d'une toise courante, le fossé dont le profil doit donner sur la même longueur le relief du retranchement proposé : connaissant aussi, par les figures 1 et 2, feuille deuxième, la manière de distribuer les travailleurs et d'en déterminer la quantité nécessaire par chaque file, on saura par la quantité de toises de longueur totale et développée du retranchement, le nombre de travailleurs qu'il faudra y employer à la fois, pour qu'il soit mis à sa perfection dans le nombre de jours précédemment trouvé.

Comme il ne serait pas facile de rassembler un nombre suffisant de pionniers, pour construire à la fois deux lignes aussi étendues que celles-ci, feuille première, nous supposons qu'il y sera suppléé par des travailleurs pris dans les troupes de l'investissement, et que l'armée d'observation fera elle-même les re-

***

(a) La quantité de terre excavée et remblayée par un homme dans un jour de 10 heures de travail, varie de un tiers de toise cube à 2 toises cubes; les causes principales en sont dans le plus ou moins d'habileté du soldat, dans sa plus ou moins bonne volonté, et dans sa plus ou moins bonne nourriture; de là les quantités si différentes fixées par divers ingénieurs pour le même travail.

(Note de l'Éditeur.)

tranchemens destinés à couvrir le front de son camp. Les ingénieurs distribuant pour cet effet le terrain aux brigades de l'armée, donneront aux majors de ces brigades des croquis de dessins et des mémoires instructifs sur les ouvrages à faire, et y feront eux-mêmes de fréquentes tournées, ainsi que M. de Vauban le prescrit (a).

Reconnaissance des fortifications par l'assiégeant, et dispositifs de l'assiégé au dedans et au dehors de ses ouvrages.

Pendant que tous les travaux dont on vient de parler s'exécuteront, que les troupes de l'investissement feront les fascines, piquets, gabions, claies, etc. (1), pour l'approvisionne-

---

(1) Pour rendre les gabions plus aisés à transporter, on a réduit leurs dimensions à 2 pieds de diamètre hors-œuvre, 2 pieds 4 pouces de hauteur de clayonnage, sept ou huit piquets de 3 pieds de long chacun, pointus par un bout qui déborde de 5 pouces le clayonnage, et de 3 pouces par l'autre bout. Comme on fait faire les gabions par l'infanterie, on peut s'assurer de les rendre généralement re-

(a) L'utilité des lignes de circonvallation et de contrevallation a été très-souvent contestée, surtout depuis le siége d'Arras en 1654, et la bataille de Turin en 1706 ; elle a été nouvellement discutée dans les Mémoires de Napoléon, tome 5, publiés par Montholon.
(*Note de l'éditeur.*)

ment des dépôts des tranchées, et que l'artillerie fera ses préparatifs dans ses parcs, dont nous désignons ici les emplacemens auprès des villages cotés I et II, feuille première, à portée des attaques qu'on a dessein de diriger sur les deux fronts CD et ab, de la place et de sa couronne, le commandant en chef du génie, indépendamment de la reconnaissance qu'il fera de la place avec le général de l'armée, chargera plusieurs ingénieurs d'aller reconnaître plus particulièrement les fortifications de ces deux fronts ; ces officiers se porteront, avec les précautions convenables, sur toutes les parties des environs de ces fortifications, où sans s'exposer trop, ils pourront, par des opérations trigonométriques représentées figure 1, feuille troisième, établir et fixer sur le terrain plusieurs points à des distances différentes et déterminées des principaux saillans du chemin

---

cevables, en envoyant dans les camps de petits détachemens de sapeurs instruits, qui fassent et laissent devant chaque bataillon sept ou huit gabions pour modèles (a).

(a) Lorsque les clayons sont gros, ils demandent des intervalles plus grands entre les piquets, et on n'en met que 7. On peut en placer jusqu'à 9 si les brins des clayons sont fort petits et très-flexibles. Ces gabions pèsent de 40 à 50 livres.

Voyez le Manuel du Sapeur pour les travaux de siége, par M. Villeneuve, capitaine du génie.   (*Note de l'Editeur.*)

couvert, et sur les capitales de ces saillans, autant qu'il sera possible. Ils rapporteront ensuite ces points sur un plan donné de la place, figure 2, feuille troisième, et tous les ouvrages qu'ils auront pu découvrir, autres que ceux qui étaient d'abord exprimés sur ce plan. Ils y indiqueront toutes les parties du terrain qu'ils auront trouvé n'être point vues des fortifications, et qui peuvent devenir favorables aux progrès des tranchées. Enfin, ces officiers rectifieront ce plan par leurs opérations et par les découvertes qu'ils auront faites à la vue simplement, ou en se servant de télescopes (1). A cet égard-ci, on ne peut donner et il ne faut seulement que le portrait des choses, mais on ne saurait prendre et marquer avec trop de précision les distances où l'on se trouve des principaux saillans du chemin couvert (a), sur les prolonge-

----

(1) Au siége de Fribourg, en 1744, avant l'ouverture de la tranchée, je fis ainsi, en mon particulier, une reconnaissance des fortifications de cette place, et sur un mauvais plan gravé, le seul que j'eusse ; je figurai presque tous les ouvrages qui y manquaient en grand nombre, et je le rendis fort ressemblant au vrai plan ; j'en fis de même au siége d'Oudenarde, en 1745, et à quelques parties de Berg-op-Zoom, en 1747.

(a) On peut faire usage, pour mesurer ces distances, de la mé-

mens des capitales recherchés et saisis du mieux qu'on a pu (1).

Dans ces circonstances, l'assiégé qui ne cesse d'être en attention sur toutes les démarches de son ennemi, disposera sa défense au dehors comme au dedans de ses fortifications de la manière suivante.

---

thode de Vauban, qu'il estime suffisamment exacte; elle est donnée dans la nouvelle édition de l'Attaque des places, pag. 61.

(Note de l'Editeur.)

(1) Pour distinguer mieux les angles saillans des ouvrages dont on cherche les capitales, il faut saisir les premiers momens du lever, ou les derniers du coucher du soleil, parce que les ombres plus étendues sur le relief de la fortification, rendent à l'œil ce relief plus perceptible alors qu'en aucun autre moment du jour (*a*).

(*a*) Ces momens sont aussi les plus favorables pour prendre les prolongemens des faces de l'ouvrage, le soleil éclairant l'une des faces et laissant l'autre dans l'ombre, permet de se placer assez facilement dans leurs prolongemens.

Lorsque ces prolongemens sont connus, si l'on se propose de trouver la direction de la capitale, on peut mesurer, au moyen de la méthode de Vauban, deux distances égales sur ces prolongemens pour y former un triangle isocèle, partageant ensuite en deux parties égales la base de ce triangle, ce point milieu appartiendra à la capitale cherchée.

On peut aussi se servir de la boussole ou d'un instrument quelconque à mesurer les angles, pour déterminer les capitales des ouvrages. *Voyez* à cet égard le Cours de fortification de Savart, revu par M. le chef de bataillon Augoyat, page 366 et suivantes, édition de 1830.   (Note de l'Editeur.)

Outre les premiers soins qu'il donnera aux réparations des parapets, banquettes et communications de tous ses ouvrages, il élèvera des traverses et des parados sur ses remparts, pour se préserver du ricochet et des feux de revers; il préparera son artillerie et les matériaux nécessaires pour chaque circonstance du siége; il visitera les galeries et les rameaux de ses contre-mines pour les mettre en état de service, et pareillement toutes les écluses par le moyen desquelles il exécutera la manœuvre des eaux pour la défense des fossés; il retranchera par de petits tambours en charpente celles de ses places d'armes rentrantes et saillantes, qui n'étant pas retranchées lui paraîtront devoir l'être; il plantera dans son chemin couvert un double rang de palissades à moitié talus de la banquette, pour empêcher l'assiégeant d'y pénétrer de vive force; il fera des coupures dans l'intérieur de ceux de ses ouvrages qu'il présumera qui seront mis en brèches, et auxquels il veut soutenir l'assaut; enfin, comme il est assez nombreux, il construira quelques nouveaux ouvrages sur ses glacis, pour les défendre plus long-temps, et favoriser d'autant mieux les sorties par lesquelles il se propose d'insulter souvent les têtes des tranchées, et d'en reculer les progrès. *Voyez* sur les figures et dans les légendes de nos feuilles deuxième, troisième, quatrième et cinquième, tout ce qui se trouve concernant ces détails.

Comme l'assiégé connaît le fort et le faible de sa place, et qu'il est sensé ne pas ignorer absolument l'état présent des affaires entre les armées que nous supposons qui tiennent la campagne, il doit présumer sur quels fronts de ses fortifications les attaques seront dirigées.

Nous avons énoncé ci-dessus, que l'assiégeant se proposait d'attaquer les deux fronts **C D** et a b, feuilles première de la première partie et troisièmes de la deuxième partie ; il ne saurait, en effet, entreprendre sur cette place deux attaques plus susceptibles que celles - ci de se soutenir mutuellement, quoiqu'elles auront l'inconvénient de ne pouvoir se communiquer, excepté pendant la nuit, qu'il sera possible de traverser la rivière sur des radeaux qu'on dérobera pendant le jour à la vue de l'assiégé, en les retirant dans quelques sinuosités des bords de la rivière.

Cependant, comme il pourrait sembler plus simple d'attaquer cette place par un de ses côtés seulement, tel, par exemple, que celui des fronts compris entre les deux lunettes **P** et **Q** ; nous observons que lorsqu'une armée assiégeante et la place qu'elle assiége, ont l'une et

l'autre , comme on le suppose, des forces suf-
fisantes à leurs situations respectives , l'assiégeant, à moins d'impossibilité occasionée par
la nature des lieux , formera toujours plusieurs
attaques, afin d'obliger la garnison à des di-
versions qui la fatiguent , l'affaiblissent et la
forcent de succomber , beaucoup plus tôt qu'il
ne serait possible de l'y contraindre par une
seule attaque, quand même elle envelopperait
tous les fronts compris entre les lunettes R P et
Q , feuille première de la première partie.

Ouverture de la tranchée.

Tout étant réglé suivant que M. de Vauban
le prescrit , et le jour étant pris pour cette première opération des attaques, trois brigades
d'ingénieurs destinées l'une pour la droite ,
l'autre pour le centre, et la troisième pour la
gauche de la première parallèle , à chacune des
deux attaques chargeront d'abord quelques-uns
de leurs officiers d'aller , avant la fin du jour ,
reconnaître et marquer distinctement sur les
capitales précédemment déterminées , tout
ce qu'ils pourront des points par lesquels on
sera convenu de faire passer cette première
place d'armes (1). Ceux de ces points dont ils

______

(1) M. de Vauban fixe la position de la première paral-

ne pourraient approcher alors sans s'exposer à être découverts par l'assiégé, seront recherchés et trouvés dès les premiers momens de la nuit, à la lueur de plusieurs bouts de mèche allumée qu'on attachera à quelques piquets (1), plantés de suite et à des distances connues, sur chacune des capitales dont on aura besoin de reconnaître les alignemens.

---

lèle à 300 toises des saillans du chemin couvert les plus avancés, parce que c'est à cette distance que le ricochet commence à avoir un plein effet, et que, plus éloignée, cette première place d'armes ne soutiendrait pas assez efficacement la deuxième parallèle, qui ne doit pas en être distante hors la portée du mousquet (a).

(1) Voyez ces piquets et ces capitales dans les plans, fig. 1, 2 et 3, feuilles troisièmes. On fait tenir auprès de chacune de ces mèches, un homme qu'on charge d'en entretenir la lueur, et de l'intercepter à la vue de l'assiégé.

(a) Vauban considère la distance de 300 toises comme *le plus grand éloignement où les sorties des assiégés puissent donner atteinte.* (Attaque, pag. 83.) Bousmard dit : *que c'est sans doute à cause qu'à cette distance on n'a rien du tout à craindre du feu de mousqueterie de l'assiégé, et que peu de son artillerie chargée à cartouches.* (Pag. 127, tome Ier.) Quoi qu'il en soit, Vauban recommande de ne pas s'y astreindre ; *quand on peut l'établir plus près,* a dit ce grand homme, *il n'en est que mieux ;* et les ingénieurs français l'ont fait très-souvent dans les siéges des guerres de la révolution, et particulièrement dans ceux d'Espagne, commençant par une seconde et quelquefois même par une troisième parallèle. *(Note de l'Editeur.)*

Pendant ce temps les troupes auront été disposées pour couvrir les travailleurs, comme on le voit figure 2, feuille troisième. Ensuite, les trois brigades d'ingénieurs rendues chacune aux destinations qu'on vient de leur marquer, se mettront à tracer la parallèle (1), en allant l'une au devant de l'autre; celle du centre sera pour cet effet partagée en deux divisions; les deux

---

(1) Le tracé de cette parallèle et de ses communications se fait avec des fascines qu'on pose de suite, et de façon que chacune soit à son extrémité recouverte d'un pied par celle qui la suit, afin que le tracé soit plus continu; par ce moyen, il reste 5 pieds de longueur pour l'espacement de chaque travailleur, lequel se tient couché près de sa fascine jusqu'à ce qu'on l'avertisse de travailler. On pourra donc régler le nombre de travailleurs dont on aura besoin, par une estimation simplement faite au compas et à l'échelle sur le plan donné de la place, fig. 2 et 3, feuilles troisièmes. Il faut toujours porter cette estimation assez haut pour n'être pas dans le cas de manquer de travailleurs (a).

(a) On fait maintenant les fascines à tracer plus courtes, elles n'ont que quatre pieds de longueur, et sont plus faciles à transporter : on les place bout à bout.

Souvent on se dispense de fascines à tracer en ayant soin que le cordeau qui indique le tracé de la tranchée porte de petits morceaux d'étoffe blanche, espacés de la longueur d'une fascine, pour marquer le travail que doit faire chaque soldat. (Relation des exercices d'attaque et de défense des places, exécutés en 1826 au camp de Saint-Omer.)   (*Note de l'Editeur.*)

autres brigades détacheront aussi chacune une division de leurs officiers, pour tracer les communications de la parallèle jusqu'aux dépôts désignés des attaques, en observant que ces communications recroisent les capitales suivant lesquelles leur cheminement doit être dirigé.

Lorsque la tranchée passera par quelque penchant du terrain, on la tracera transversalement à la pente, pour en adoucir le rampant, et de manière à n'être vu d'écharpe d'aucun endroit de la place.

L'assiégeant pourra, dans la même nuit, ouvrir la tranchée aux deux attaques, ou à l'une des deux seulement ; il préférera souvent ce dernier parti, surtout dans un grand siége, parce qu'il y gagnera de fatiguer et d'exposer moitié moins de monde à la fois, sans que la diversion ait moins lieu toute entière chez son ennemi qui, dans ce moment-ci, doit être en garde sur l'un et l'autre front de sa place également ; mais il faut que de ces deux attaques, celle dont il différera l'ouverture pour la nuit suivante soit susceptible de regagner bientôt la marche de l'autre, afin de cheminer désormais à même hauteur qu'elle ; telle serait dans ce siége-ci la fausse attaque projetée contre la couronne, figures 2 et 3, feuilles troisièmes.

La gauche de la première parallèle de l'atta-

que principale, et la droite de la fausse attaque, figure 2, feuille troisième, seront appuyées
chacune par une redoute dont la destination est
évidente, et dont la construction est donnée figures 4, 5, 6 et 7, feuille troisième, et dans la
légende de cette feuille. Comme ces redoutes
qui seront, pour ainsi dire, isolées ici dans un
terrain favorable pour les sorties de l'assiégé,
ne résisteraient souvent pas à son impétuosité,
jusqu'à ce qu'une partie de la garde de la première parallèle pût les secourir efficacement,
nous supposons que l'assiégeant, pour soutenir
ces redoutes, saisira en arrière d'elles quelques
couverts du terrain, soit rideaux ou chemins
creux, ou, qu'au défaut de ceux-ci, il ouvrira
quelques bouts de tranchée dans lesquels il
maintiendra des troupes tout le temps qui en
sera besoin.

Voyez figure 2, feuille troisième, et dans sa
légende la disposition des troupes de l'assiégeant pour protéger son travail pendant cette
première nuit du siége (1), et qu'elles auront

---

(1) Le lendemain, au point du jour, ces troupes se
retirent, partie sur le revers de la parallèle, où elles se
tiennent couchées jusqu'à ce que les travailleurs de jour,
qui viennent en même temps relever ceux de la nuit, aient
perfectionné la parallèle; le reste de ces troupes se place

dû être depuis le deuxième jour de l'investisse
ment jusqu'à cette nuit inclusivement, les positions et les manœuvres de l'assiégé au dedans
et au dehors de ses chemins couverts, pour
parvenir à découvrir l'établissement de ce travail, afin de s'y opposer par une sortie peut-
être (1), ou du moins le troubler par un grand
feu de son artillerie, placée alors à barbette sur
les saillans les plus avancés de ses chemins couverts, et même en dehors de ses glacis, afin de
prendre en prolongement ou d'écharpe quelques parties de la tranchée, etc.

Les irrégularités qu'on remarque dans le
tracé de la première parallèle, figure 2, feuille
troisième, ainsi que dans les autres parallèles, et

---

en arrière de cette place d'armes, dans les couverts du
terrain, tels que ceux désignés dans les figures 1, 2 et 3,
feuilles troisièmes.

(1) L'assiégé n'entreprend cependant de sorties ainsi au
loin, que lorsqu'après avoir découvert de bonne heure
l'ouverture de la tranchée, et fait sur elle, pendant toute
la nuit, un feu d'artillerie qui ait beaucoup incommodé
les travailleurs, ainsi que les troupes qui les couvrent; il
est moralement assuré du succès d'une sortie qu'il exécutera au point du jour, à dessein principalement d'empêcher que, de toute la journée, l'assiégeant puisse achever
sa parallèle autrement qu'avec beaucoup de peine et de
perte.

généralement en plusieurs parties des tranchées fig. 3, feuille troisième *bis*, et qui sont expliquées dans la légende de cette feuille, sont supposées occasionées par des accidens du terrain où l'on ne saurait exécuter ce tracé suivant ses directions naturelles, sans s'exposer à quelques dangers, soit de retardement et de grandes difficultés dans le travail, soit de se faire voir d'écharpe ou de plongée, soit enfin de jeter la tranchée dans des fonds marécageux où elle deviendrait inhabitable.

Établissement des premières batteries de l'assiégeant (a).

Le lendemain de l'ouverture de la tranchée, dès le matin, les principaux officiers de l'artillerie et du génie parcourant ensemble, d'un bout à l'autre, la première parallèle de chaque attaque, y rechercheront les prolongemens des faces et des branches des ouvrages contre lesquels il conviendra de diriger des batteries pour

---

(*a*) Il est à peu près posé en principe de ne point établir les batteries dans la première parallèle, et Vauban pense qu'il est préférable de les construire dans la seconde. (Attaque, *nouvelle édit.*, p. 107.)

(*Note de l'Éditeur.*)

9*

prendre en rouage et de revers celles de l'assiégé (*a*).

Comme de toutes les parties du relief des ouvrages de la place, l'arête extérieure des parapets est celle que l'assiégeant distingue le mieux,
il y aligne toujours ces prolongemens-ci : mais,
pour que son ricochet puisse balayer l'intérieur
des ouvrages dans ces directions déterminées, il
observe à chaque batterie de ne percer la première embrasure de son canon qu'à 4 toises
d'intervalle prises en dedans du prolongement,
soit à sa droite ou à sa gauche, suivant que la
crête intérieure du parapet se trouve à droite ou
à gauche de ce prolongement.

La raison et l'expérience veulent que les emplacemens de ces batteries soient toujours con-
certés de manière qu'on ne les établisse jamais
dans les parallèles, parce qu'ils y causeraient
des embarras infinis et pernicieux au service,
ainsi qu'à la défense des tranchées, où ces bat-

(*a*) Si la place est bien défilée, il sera de toute impossibilité de
prendre ces prolongemens en parcourant le dedans de la parallèle,
parce qu'on y sera toujours au-dessous du plan ou des plans de défilement qui contiennent les crêtes des ouvrages ; dans cette hypo-
thèse, pour obtenir les prolongemens, il faudra ou s'élever artificiel-
lement ou parcourir les hauteurs en arrière s'il en existe. *Voyez*
au surplus la note de la page 122 au sujet de ces prolongemens.

(*Note de l'Editeur.*)

teries perdraient aussi beaucoup de leur efficacité, puisqu'elles y seraient enterrées, tandis
que M. de Vauban, recommande expressément
qu'on élève leurs plates-formes autant qu'il sera
possible, parce que le boulet à ricochet chassé
sous un petit angle peut, dans sa course, faire à
chaque bond d'autant plus de ravages, qu'en
s'élevant moins il doit rencontrer plus d'objets
de ceux contre lesquels il est dirigé. Il faut éviter
aussi de faire occuper à ces batteries aucune
partie des capitales que les communications doivent croiser sur leur cheminement, à moins
que cet inconvénient ne puisse être sauvé,
comme dans le cas où se trouvera l'emplacement de la batterie qui traverse la chaussée sur
la capitale de la demi-lune cotée L, figure 3,
feuille troisième *bis*, où le cheminement des zigzags est détourné de cette capitale pour des raisons expliquées dans la légende de cette feuille.

Dès la seconde nuit du siége, on mettra les
travailleurs sur tous les emplacemens convenus
pour construire les batteries, qui d'ordinaire
s'exécutent assez promptement, pour être mises
en état de tirer au bout de deux ou trois fois
vingt-quatre heures (*a*), plus ou moins, suivant

(*a*) La construction des batteries ne dure plus généralement que
36 heures, mais elles ne peuvent guère commencer leur feu qu'au

leur position par rapport aux feux de la place auxquels elles seront exposées, et suivant la nature du terrain sur lequel on les construira (1). On observera aussi que celles qui seront le moins en avant de la parallèle n'en soient pas plus proches que de 10 ou 12 toises mesurées entre leur parapet et celui de la parallèle, afin qu'on y jouisse de l'espace convenable pour les

---

bout de 48 heures, parce qu'on ne peut amener le canon que de nuit, et que toutes celles qui ont besoin de direction, ne peuvent commencer à tirer qu'au jour.   *(Note de l'Editeur.)*

(1) Nous ne donnons ici aucun détail sur la construction des batteries, parce qu'elles ne s'exécutent pas sous la direction des ingénieurs, et que la manière dont on se propose aujourd'hui de manœuvrer désormais le canon derrière les parapets, doit occasioner sur cet objet beaucoup de changemens en mieux ; car, comme on ne sera plus obligé de faire les embrasures si profondes, ni de détruire les banquettes dans les emplacemens des plates-formes, on pourra faire à volonté succéder au feu du canon celui de la mousqueterie, et l'autre à celui-ci alternativement. On pourrait aussi disposer les batteries des attaques de manière que chacune formât un retranchement particulier et susceptible de se défendre (a).

(a) Pour la construction des batteries, on peut consulter les ouvrages suivans : l'Aide-Mémoire à l'usage des officiers d'artillerie, par Gassendi ; le Traité théorique et pratique sur la construction des batteries, par Ravichio de Peretsdorf et Nancy ; et le Traité du capitaine d'artillerie Lamy.

(Note de l'Editeur.)

manœuvres. On peut de même en établir quelques-unes en arrière de la parallèle, lorsque le terrain s'y trouve, à des distances raisonnables, assez élevé pour que le tir de ces batteries ne soit pas gêné par le relief de la parallèle qui croise leurs directions. *Voyez* figure 3, feuille troisième. On occupera par deux ou trois mortiers à bombe l'intervalle que la largeur du fossé occasione, entre les pièces de canon destinées à ricocher dans le rampart, et celles qui ricocheront dans le chemin couvert des ouvrages contre lesquels ces batteries seront dirigées.

L'assiégé qui pendant le jour aura reconnu la situation et le développement de la première parallèle, et qui doit savoir, à très-peu près, les positions que les premières batteries de l'assiégeant vont occuper, troublera leur construction par les feux disposés de son artillerie (1), et par les sorties qu'il croira pouvoir exécuter feintes ou réelles. Il profitera aussi du temps qui lui restera pour perfectionner avec tranquillité les petits ouvrages qu'il aura commencés en avant

---

(1) Dès que les batteries de l'assiégeant commenceront à tirer, l'assiégé retirera son canon à barbette pour le placer désormais derrière ses parapets, d'un lieu à l'autre alternativement, en s'épaulant toujours par des traverses et des parados partout où il verra en avoir besoin.

de ses glacis, et dans l'intérieur de ses fortifications.

Devant une place, forte et munie comme nous
supposons que l'est celle-ci, l'assiégeant n'entreprendrait pas de procéder au cheminement des
communications de la première à la seconde parallèle, et encore moins à l'établissement de cette
dernière, avant que les batteries, dont on vient
de parler, n'eussent commencé à produire sur
l'artillerie de la place un effet déjà sensible, et
tel que l'assiégé obligé de retirer le canon de ses
batteries à barbette, fût déjà occupé à réparer
en beaucoup d'endroits les dommages du ricochet et de la bombe; nous pouvons, par conséquent, supposer ici qu'il ne serait guère possible d'asseoir la deuxième parallèle, avant la
huitième ou neuvième nuit de tranchée ouverte (a).

(a) D'après les journaux fictifs d'Attaque de Cormontaingne,
Bousmard, etc., cette seconde parallèle est censée s'ouvrir à la quatrième nuit; mais il faut bien faire attention que M. Duvignau
fait ici, comme dans toutes les parties suivantes de son attaque,
entrer en ligne de compte les retards occasionés par la résistance,
qu'il suppose très-opiniàtre, qu'opposera l'assiégé à l'avancement
des travaux de l'assiégeant.   (*Note de l'Editeur.*)

Deuxième parallèle et ses communications.

La seconde parallèle et ses communications avec la première sont, dans un siége ordinaire, l'ouvrage de deux nuits consécutives, mais davantage lorsque l'assiégé fait des sorties nombreuses, et, au contraire, lorsque sa défense est faible : nous ne supposons pas ici ce dernier cas; ainsi, dans la première des deux nuits, ces communications, qu'on tracera encore à la fascine ou en partie au gabion, et qu'on exécutera à la sape volante (1), seront portées jusqu'à 140 toises, plus ou moins, en avant de la première parallèle, et terminées par des amorces de la seconde parallèle; chacune de ces communications croisera la capitale de son

---

(1) La sape volante est le travail d'une tranchée qui s'exécute le long d'un rang de gabions posés à découvert, et jointifs l'un à l'autre, sur l'étendue duquel on espace les travailleurs, de manière que chacun ait deux gabions à remplir, et à former la tranchée sur la longueur de 4 pieds que ces deux gabions occupent. *Voyez* au profil, fig. 2, feuille cinquième. Ainsi, le nombre de travailleurs à employer pour l'exécution d'une sape volante s'estimera sur la quantité de fois que l'espace de 4 pieds courans sera contenu dans le développement de la tranchée à faire; on fera donc, pour cet effet, des approvisionnemens de ga-

cheminement autant qu'il sera possible (1), et chaque zigzag sera défilé des saillans du chemin couvert les plus avancés sur la droite et sur la gauche de ce cheminement. Cette attention de croiser ainsi la capitale à chaque zigzag, et d'y marquer par un piquet le point d'intersection, conduit à faire connaître, pour ainsi dire à chaque pas, la distance où la tête de la tranchée se trouve des principaux saillans du chemin couvert, et donne le moyen de fixer

---

bions sur le revers des tranchées, proche des débouchés (a).

(1) On dit autant qu'il sera possible, parce qu'il s'y trouve quelquefois des empêchemens absolus, tels, par exemple, que ceux qui sont remarquables dans la fig. 3, feuille troisième *bis*, et observés dans la légende de cette feuille.

(a) On est dans l'usage maintenant de ne commencer à employer la sape volante que pour la seconde parallèle, tous les travaux antérieurs étant tracés à la fascine. L'on ne met ordinairement qu'un gabion par travailleur, ce qui permet de rendre la parallèle plus profonde et plus large dès les premiers momens du siége ; à la fin de la première nuit l'excavation doit avoir acquis les mêmes dimensions que la tranchée simple.

On estime que dans les terrains d'une excavation très-facile il faut dix minutes pour placer les gabions et les remplir de terre ; ce n'est donc qu'au bout de ce temps que les travailleurs sont à l'abri de la balle. *Voyez* pour les détails d'exécution de cette sape le Manuel de M. le capitaine Villeneuve.   (*Note de l'Editeur.*)

toujours à peu près juste la longueur de chaque zigzag ou boyau de tranchée.

Pour s'assurer de les défiler, un ingénieur placé près de chaque capitale, aux momens où la nuit prête à se fermer lui laisse encore apercevoir les saillans de la place desquels il doit se garantir (1), débouche seul, avec deux ou trois sapeurs qui lui apportent des gabions qu'il leur fait poser de distance en distance pour repères, sur les directions qu'il juge les meilleures, et suivant lesquelles on pourra, par ce moyen, être bientôt en état de conduire juste le tracé de la communication entière : mais on ne peut exécuter ce tracé avec la précision et la tranquillité nécessaires, qu'en faisant filer les travailleurs peu à peu, dans le plus grand ordre et le plus parfait silence.

Comme la mousqueterie qui bordera désormais la crête des glacis, empêchera que l'assiégeant puisse couvrir ses travailleurs par des

---

(1) Dans ces derniers momens du jour, il est encore possible de distinguer ces saillans de la place, sans que pour cela 2 ou 3 hommes qui marcheront sur les glacis puissent être aperçus de la campagne, ni qu'ils puissent eux-mêmes distinguer un pareil nombre d'hommes qui marcheront en avant de la tranchée.

troupes disposées, ainsi qu'il aura précédemment fait pour soutenir le travail de la première parallèle; il placera seulement quelques pelotons de grenadiers ventre à terre en avant, et sur les flancs de ce nouveau tracé (1), pour avertir de ce qu'ils découvriront; il fera tenir aussi ventre à terre le long du même tracé quelques compagnies de grenadiers, et des piquets de dragons ou d'infanterie derrière les travailleurs, pour les rassurer et imposer au premier abord d'une sortie que l'assiégé fera vraisemblablement, ne fût-ce que pour troubler le travail.

Lorsque, dans la nuit suivante, l'assiégeant tracera la deuxième parallèle, outre de pareils pelotons de grenadiers qu'il postera ainsi en avant du tracé, il placera un nombre de compagnies de grenadiers et de piquets dans les boyaux et les têtes des deux communications. C'est ici que l'assiégé pourra avec espoir de succès exécuter une sortie nombreuse sur les deux

------

(1) M. de Feuquières propose que dans celles de ces positions avancées où le terrain n'offre aucun abri, ces pelotons de grenadiers portent avec eux des ballots de laine ou bien des chevaux de frise qu'ils larderont de fascines, pour se couvrir contre la mousqueterie de l'assiégé.

attaques en même temps, ou sur l'une des deux seulement (1).

Supposons qu'il prenne ce dernier parti, et que, pour s'assurer de réussir mieux, il exécute cette sortie avec la même quantité à peu près de troupes qu'il aurait employées contre les deux attaques, il est moralement certain que l'ouvrage de cette nuit sera presque entièrement détruit, et que plusieurs des premières batteries seront mises en désordre (2).

---

(1) C'est dans ces occasions que l'assiégé reconnaît l'avantage d'avoir au dehors de sa place de grands espaces fermés par des glacis, comme ceux des lunettes Q et g, fig. 3, feuille troisième *bis*, à l'abri desquels il fait aisément ses dispositions, sort en meilleur ordre et sur de plus grands fronts qu'il ne le pourrait faire d'un chemin couvert ordinaire.

(2) De toutes les manières de mettre le canon de ces batteries hors de service pour un long temps, la plus prompte et la plus certaine est de suspendre entre les deux flasques de l'affût une bombe chargée qui, en éclatant, brise l'affût et le détruit entièrement. Pour cet effet, deux hommes qui suivent les troupes de la sortie portent cette bombe suspendue à un levier, entrent dans la batterie au moment qu'elle vient d'être emportée, placent la bombe avec son levier comme on vient de le dire, et y mettent le feu en se retirant. On peut faire porter ainsi plusieurs bombes, pour démonter de cette manière plusieurs pièces à la fois.

Cependant l'assiégeant qui doit s'attendre à l'événement, aura renforcé la garde de ses tranchées, et sans cesse attentif au moment qu'il doit savoir saisir, dès qu'il sera averti de la sortie, il retirera ses travailleurs et ses détachemens avancés, puis après qu'il aura, pendant quelque temps, fait un feu des plus vifs de sa première parallèle et de ses batteries, il fera déboucher du front et des ailes de cette place d'armes, plusieurs compagnies de grenadiers qui, soutenues de quelques escadrons, se porteront avec rapidité et en bon ordre au devant et sur les flancs de l'assiégé, pendant qu'il se formera en-deçà de la deuxième parallèle qu'il viendra de franchir, sous un feu qui ne peut manquer de lui faire quelqu'impression ; et enfin, pendant que ses travailleurs commenceront à combler cette parallèle. Il est certain que, par cette démarche audacieuse faite à propos, l'assiégeant forcera souvent l'assiégé de faire sa retraite au plus tôt et dans le meilleur ordre qu'il lui sera possible, pour éviter d'être mis en déroute. Si, au contraire, l'assiégeant manque cet instant, et que l'assiégé sache en profiter, celui-ci pourra pousser loin son succès ; mais il ne le suivra que jusqu'à ce que voyant son ennemi prêt de reprendre le dessus par la supériorité du nombre, il risquerait tout s'il différait à regagner ses glacis : alors l'assiégeant le poursuivra à son tour , mais seulement jusqu'à une distance tellement combinée qu'il puisse être rentré dans ses tranchées avant que l'assiégé le soit dans ses chemins couverts. Lisez sur ce sujet le chapitre IX de l'Attaque et le chapitre IV de la Défense des places, par M. de Vauban (a).

Aussitôt après cette action vive, chacun ayant, de part et d'autre, repris ses positions, l'assiégeant mettra des travailleurs dans toutes les parties des tranchées qui n'auront pas été entièrement comblées, et réparera les autres à la sape pleine dont on voit le procédé dans les figures 10 et 11, feuille quatrième *bis*. Il recherchera et déterminera en même temps les emplacemens des batteries qu'il sera nécessaire d'établir en avant de cette seconde parallèle; les unes

---

(a) Dans toutes ces sorties, le principe général qui devra guider l'assiégeant, sera de combiner ses mouvemens de troupes de manière à couper l'assiégé de sa place ; la simple menace d'une pareille manœuvre suffira pour le ramener vers ses glacis, et si par quelque ruse on pouvait le porter à s'engager en aveugle et le couper réellement, on aurait avancé l'époque de la reddition d'une quantité notable.

Dans l'édition nouvelle de l'Attaque , il faut lire de la page 92 à la page 106, tout ce qui concerne les sorties; et dans la Défense, publiée en 1829 par le général Valazé, les pages 106, 177, 181, 183, 186, 189, 202, 211 et 212.   (*Note de l'Editeur.*)

pour y transposer le canon de celles des premières batteries que le relief de la nouvelle place d'armes empêcherait de tirer, et les autres pour suppléer à celles que des circonstances particulières du terrain n'auraient pas permis d'établir en même temps que les premières dont on vient de parler.

On sent bien que la construction de ces nouvelles batteries exigeant d'autant plus de précautions qu'elles seront près de la place, il y sera sans doute employé plus de temps qu'aux premières, et que dans ce siége-ci, elles ne pourraient guère être en état de tirer avant le douzième ou treizième jour de tranchée ouverte : ainsi occupé à perfectionner sa seconde parallèle, et de s'y établir en force, l'assiégeant n'entreprendrait qu'après ceci, d'ouvrir les communications de cette deuxième place d'armes, jusqu'à 65 ou 70 toises, moitié de sa distance à la position destinée pour la troisième parallèle.

Communications de la deuxième à la troisième parallèle, jusqu'aux demi-places d'armes seulement et inclusivement.

Comme à mesure que les tranchées approcheront de la place, l'assiégé aura moins de

chemin à faire pour venir les insulter, l'assiégeant se mettra en état de les secourir promptement et à propos sur tous les points, en
ouvrant à la fois trois cheminemens de communications de la deuxième à la troisième parallèle, sur les trois capitales de chaque front
attaqué. Il observera dans le tracé et pour le
défilement de chacun des nouveaux zigzags,
les mêmes précautions avec lesquelles il aura
ci-devant tracé les communications de la première à la seconde parallèle ; il en fera exécuter
la construction, alternativement à la sape
pleine, et à la sape volante, suivant que les
feux du chemin couvert seront plus ou moins
vifs. Ceux d'artillerie et de mousqueterie de la
deuxième parallèle protégeront ce travail, aux
progrès duquel l'assiégé opposera tout ce qu'il
pourra de chicanes (1), tantôt il débouchera de
son chemin couvert par tranchées de contre-
approche (2), au moyen desquelles il battra

---

(1) L'assiégé lance sur ce travail des pots à feu à la
lueur desquels découvrant où sont les travailleurs, il
dirige sur eux son artillerie et sa mousqueterie, avec
attention surtout de placer cette dernière sur les parties
du chemin couvert d'où elle aura le plus d'effet. *Voyez*
ces détails plus amplement dans les Mémoires de Goulon.

(2) Si l'assiégé forme ses contre-approches en tranchées

de revers et d'enfilade les tranchées de l'assiégeant ; tantôt il fera des sorties de peu
de monde pour donner seulement l'épouvante

---

partant du pied du glacis, et creusées dans leurs proportions à dessein de s'en servir plusieurs fois, il doit observer
qu'elles soient enfilées des ouvrages de la place, et ne
puissent l'être ni vues de revers par aucune partie des
attaques. C'est par cette raison qu'on ne voit sur notre
plan, fig. 3, feuille troisième *bis*, qu'une seule contre-appro-
che de cette espèce; elle débouche de la place d'armes
rentrante à gauche du bastion a de la couronne : mais si
l'assiégé ne veut que momentanément prendre de ces sortes de revers sur les tranchées, il pourra chaque nuit
former de nouvelles contre-approches avec un ou deux
rangs de gabions posés jointifs et farcis de fagots de sape
ou de sacs à laine, derrière lesquels il placera des fusiliers
qui feront feu sur les flancs des attaques. Il y placera
même une ou deux petites pièces de canon qu'il tirera à
cartouche, et au point du jour il se retirera en mettant le
feu aux gabions, lesquels seront enduits de bitume,
afin qu'ils puissent être plus tôt consumés. Lisez Goulon
sur ces détails, et ce qu'en dit Vauban dans sa Défense
des places (*a*).

(*a*) Les contre-approches pour la défense des places sont un
moyen dont l'application se présente aujourd'hui plus rarement
qu'autrefois; Vauban n'en parle pas dans son Traité de la défense des
places, mais l'ingénieur Deshoulières qui a écrit en 1675, proposait
d'en faire un fréquent usage, ce qui n'est plus admissible depuis la
perfection des attaques; cependant, comme elles ne sont pas entièrement rejetées, on peut consulter ce qu'en dit Cormontaingne
dans son Mémorial pour la défense des places. (*Note de l'Éditeur.*)

aux travailleurs; il en exécutera aussi quelquefois de nombreuses qu'il poussera jusqu'à porter
le désordre dans la seconde parallèle et au-
delà, s'il en trouve l'occasion favorable.

Cependant, l'assiégeant établira en une seule
ou en plusieurs nuits les demi-places d'armes
en tête des communications dont on vient de
parler, à moitié distance de la deuxième à la
troisième parallèle; le profil des demi-places
d'armes doit être le même que celui de la seconde parallèle, figure 10, feuille troisième,
et leur parapet pareillement couronné de créneaux de sacs à terre, figure 14, feuille troisième, afin que les compagnies de grenadiers
qu'on se propose d'y placer, puissent protéger
par leur feu la suite du cheminement des communications (1), jusqu'à l'établissement de la
troisième parallèle.

---

(1) Les zigzags de ces communications doivent être
raccourcis de plus en plus à mesure qu'ils approchent de
la place, et l'on fait leurs crochets plus longs, afin de les
préserver mieux des enfilades et des revers : cette attention est d'autant plus nécessaire lorsqu'ils cheminent sur
un terrain qui est en pente précipitée du côté de la
place (a).

(a) Le tracé des zigzags doit satisfaire aux conditions suivantes :
1° qu'ils ne fichent ponit dans des ouvrages de la place, afin de

La longueur d'une demi-place d'armes est fixée pour l'ordinaire à 40 ou 50 toises, mais il faudra l'étendre jusqu'à 6 ou 8 toises au-delà du

---

ne pas être pris d'enfilade; 2° que l'on soit, dans leur intérieur, entièrement défilé de toutes les vues de la place. Le parapet de ces ouvrages a partout la même hauteur au-dessus du terrain et au-dessus du fond de l'excavation, et la largeur de la tranchée est constante; il suit de là que le profil est donné et que l'inclinaison du plan de défilement l'est aussi; c'est donc la direction seule du boyau qui reste à déterminer.

Pour trouver cette direction en terrain horizontal, on imaginera une droite S A, figure 18, feuille quatrième, passant par le saillant S dont on doit se défiler, et par un point A placé sur le revers de la tranchée à 5 pieds au-dessus du terrain; cette droite sera dans le plan de défilement, il suffira d'en trouver une seconde pour fixer complètement la position de ce plan; à cet effet, on considérera le point B, situé sur la droite inclinée S A, et appartenant à la crête du parapet de la parallèle de laquelle on veut déboucher, comme le sommet d'un cône droit à base circulaire dont les génératrices feront avec l'horizon le même angle que le plan de défilement; alors la question sera réduite à mener un plan tangent à un cône par une droite donnée passant par son sommet; la trace de ce plan sur la surface plane du terrain déterminera une parallèle à la direction cherchée.

Or, si la pente de la ligne c d, fig. 19, déterminée *à priori* par le profil de la tranchée, est donnée par le rapport de la base à la hauteur, dans le triangle rectangle a b c, et qu'elle soit par exemple de $\frac{1}{10}$, l'inclinaison des génératrices du cône devant être la même, on aura le rayon de sa base sur le plan horizontal, en multipliant par 10 la hauteur du point B, sommet du cône au-dessus du terrain; traçant cette circonférence et lui menant par le point C, intersection de la droite S A prolongée, fig. 18, avec la surface plane du terrain (laquelle contient le cercle base du cône), deux tangentes CD et CD', elles seront les traces des plans tangens au cône; et la direction à donner au boyau devra être parallèle à ces droites;

prolongement de la branche du chemin couvert qu'elle croisera, si l'on veut qu'il y ait lieu de placer à son extrémité une batterie de deux ou trois obus (1), pour ricocher sur cette

---

il suffira donc de mener par B, une droite BE ou BE′ parallèle à CD ou CD′ et la question sera résolue.

Si la ligne inclinée c d, fig. 19, faisait avec l'horizon un angle plus grand que la ligne SC, fig. 18, le point C se trouverait en dedans du cercle, et le problème n'aurait pas de solution. Dans le cas où les deux angles seraient égaux, ce point se trouverait sur la circonférence même du cercle, alors cela indiquerait l'impossibilité d'avancer vers le saillant S en cheminant obliquement. Dans les deux cas il faut cheminer en sape debout vers la place et se défiler par des traverses.

On trouve une autre solution de cette question dans l'exposition abrégée de l'Art de la guerre, par M. Duhays, ancien professeur de l'Ecole polytechnique : elle avait été annoncée par M. Say, dans le 4ᵉ numéro du journal de l'Ecole polytechnique.

Enfin dans la pratique on se contente généralement de diriger les zigzags à 30 ou 40 mètres en avant des saillans les plus avancés du chemin couvert, c'est-à-dire tangentiellement à des arcs de cercle supposés décrits de ces saillans comme centre et avec ces longueurs pour rayons.

(Note de l'Editeur.)

(1) Comme cette arme ne chasse pas la bombe à ricochet si loin que le canon porte son boulet pour ricocher, nous établissons les obus aux extrémités des demi-places d'armes. On peut cependant, et nous le supposons ainsi, en mêler plusieurs dans les batteries de la seconde parallèle, et même les substituer totalement au canon dans celles de ces batteries où l'on ne pourrait plus le tirer sans danger pour les tranchées en avant qui croiseront sa direction.

branche de chemin couvert, et y produire un effet dont l'assiégeant ne doit pas négliger de se procurer l'avantage.

Dans nos attaques fig. 3, feuille troisième *bis*, les différences qu'on remarque entre les demi-places d'armes, résulteraient évidemment de quelques circonstances particulières à leurs positions, et dont on se rendra compte aisément, en examinant ce qui serait préférable dans chacune de ces positions, de terminer la demi-place d'armes par une batterie d'obus, ou par une redoute, ou enfin par un simple crochet à l'ordinaire.

Établissement de la troisième parallèle et des nouvelles batteries qu'il convient d'y attacher.

L'assiégeant reprenant, avec plus de précautions que jamais, la suite de ses communications sur les capitales des deux attaques, terminera ces communications par des amorces de la troisième parallèle (1), à 3o toises des

---

(1) Voyez le chapitre VIII de M. de Vauban, sur les propriétés, l'importance et la construction de la troisième parallèle ou place d'armes. Nous l'établissons ici à 3o toises des saillans du chemin couvert, dans la supposition

saillans du chemin couvert les plus avancés, et de ceux dont il lui sera possible d'approcher à cette distance ou environ, sans risque d'exposer aucune partie de cette parallèle à être battue d'écharpe ou de plongée par les ouvrages qui flanquent ces saillans.

Tel est en effet ici la disposition des ouvrages de la place, qu'on ne pourrait, sans s'exposer à ces dangers, porter la troisième parallèle au-delà des positions qu'elle occupe dans nos deux attaques figure 3, feuille troisième *bis*, et figures

---

qu'il sera indispensable d'ouvrir des quatrièmes parallèles et d'élever des cavaliers de tranchée; car dans un petit siége où l'on aurait affaire à une garnison peu nombreuse et fatiguée, on pourrait établir cette parallèle à 15 ou 20 toises du saillant du chemin couvert, et de là même, entreprendre de l'attaquer de vive force (*a*).

(*a*) Lorsqu'on se propose d'attaquer le chemin couvert de vive force, Vauban recommande (pag. 86 de l'Attaque) de construire la troisième parallèle à la portée de la grenade à main (13 ou 14 toises) du chemin couvert; mais en général la troisième parallèle qu'on approche toujours le plus qu'on le peut des saillans du chemin couvert, est soumise à une condition bien essentielle à remplir, c'est que par son élévation provenant de la hauteur même du glacis sur lequel elle est ouverte, elle ne cache pas, et par suite n'interrompe pas les feux des batteries à ricochet des parallèles en arrière. On voit donc que ces distances de 30, 20 et 15 toises ci-dessus sont fort éloignées d'être des règles générales, elles dépendent du plus ou moins de roideur du glacis de la place assiégée.

(Note de l'Éditeur.)

1 et 2, feuille quatrième; outre cela sa gauche et sa droite dans l'attaque principale, se trouveraient alors trop éloignées des demi-places d'armes destinées à protéger son établissement, et quand bien même on ouvrirait de nouvelles demi-places d'armes en avant de celles-là, de pareilles têtes de tranchées hasardées si loin de la seconde parallèle, et si près des glacis, seraient insuffisantes pour soutenir la construction de la troisième parallèle contre un chemin couvert de la force de celui-ci.

Dans la fausse attaque, la droite de la troisième parallèle sera à 30 toises du saillant du chemin couvert de la lunette g, sa gauche sera à même distance du saillant de la flèche b; on ne pourrait approcher son centre vers le saillant de la demi-lune d, plus près que de 60 toises, sans risquer d'être battu d'écharpe par les feux de la lunette et de la flèche, à moins qu'on n'y remédiât par des traverses; mais elles font toujours un mauvais effet, particulièrement dans une troisième parallèle destinée à protéger tous les travaux qu'on avancera désormais jusqu'au chemin couvert, et qu'il est par conséquent essentiel de dégager de tout embarras, afin que le mouvement des troupes qu'elle doit contenir, et que le service des tranchées auquel elle fournira continuellement,

s'y exécutent avec la facilité, l'ordre et la cé-
lérité convenables.

Pour protéger, du mieux et du plus près qu'il
sera possible, la construction de cette parallèle (1), l'assiégeant joindra, à l'activité de
toutes celles de ses batteries qui pourront tirer
sans incommoder la tranchée, un dispositif de
sa garde réglé de manière que les bataillons
passent de la première à la seconde parallèle,
et fournissent aux redoutes; que plusieurs compagnies de grenadiers et piquets de dragons

---

(1) Cette construction s'exécute à la sape pleine, par
six marches de sapeurs qui, partant des droites et gau-
ches des amorces précédemment faites de la troisième parallèle, vont ainsi l'une au devant de l'autre, et parvien-
nent à joindre les deux extrémités de cette place d'armes
qu'on appuie par des redoutes lorsqu'il en est besoin, et
comme on le voit dans nos attaques, fig. 3, feuille troisième *bis*, et fig. 1, feuille quatrième, l'assiégeant saisissant
pendant la nuit chaque moment qu'il rencontre de ralentissement dans la défense, trace et fait exécuter à la sape
volante tout ce qu'il peut de ce travail afin de l'accé-
lérer (*a*).

(*a*) Cette dernière remarque ne saurait trop être gravée dans la
mémoire des ingénieurs de tranchée. Par un tel procédé en saisissant
l'à-propos du repos, ou de l'insouciance, ou d'un malheur acci-
dentel de l'assiégé, on peut gagner des jours entiers sur la durée
du siége et épargner bien du sang.   (*Note de l'Éditeur.*)

occupent les demi-places d'armes, et que les communications de là jusques et compris les amorces de la troisième parallèle précédemment faites, soient occupées par des détachemens armés qui s'avanceront successivement dans chaque partie de cette parallèle, à mesure qu'elle se perfectionnera, et y seront suivis par des compagnies entières de grenadiers et des piquets de dragons qui deviendront enfin la garde ordinaire de cette troisième place d'armes (1).

---

(1) Il est très-important de ne point souffrir qu'il soit fait dans la tranchée aucun abri formé avec des claies ou autrement, sous prétexte de se préserver de la chute des pierres et des grenades ; parce qu'au moment d'une sortie, l'assiégeant acagnardé sous ces abris, et ne pouvant plus border son parapet qu'ils embarrasseraient, serait aisément pris au dépourvu de défense, et l'assiégé qui ne manquerait pas d'en tirer avantage, pourrait pousser loin un premier succès qu'il ne devrait peut-être qu'à cette irrégularité de son ennemi (a).

(a) Nous croyons devoir faire remarquer ici qu'il ne faut pas trop exclure les moyens de conserver les hommes, entraîneraient-ils même à quelques inconvéniens ; c'est ainsi que Vauban a proposé pour garantir les soldats des pierres et des grenades de l'ennemi, d'établir des huttes et abris aux pieds des parapets, de placer sur leurs têtes des bonnets d'osier matelassés ; et que c'est encore avec de pareilles précautions que M. le général Rogniat propose de préserver les gardes des tranchées de l'effet des feux verticaux de

Quant aux batteries que les circonstances présentes de l'attaque et de la défense exigeront qu'on attache à la troisième parallèle, qu'il soit permis d'insister pour que leurs emplacemens soient aussi fixés en avant de cette place d'armes, dans des tranchées disposées pour recevoir les obusiers, les mortiers à bombe et les pierriers dont ces batteries seront presque toutes composées, et qu'il sera, par conséquent, d'autant plus facile d'établir de cette façon la plus analogue à l'efficacité du service.

Attaque et défense des lunettes cotées Q, r et g, et de la flèche cotée b, feuille quatrième, depuis la troisième parallèle inclusivement.

La disposition de ces ouvrages, figure 1 et 2, feuille quatrième, obligera naturellement l'assiégeant à les attaquer dans le plus grand détail et à les réduire, avant qu'il puisse procéder au couronnement des glacis du corps de place, ni même avancer la plupart des tran-

---

Carnot. (*Voyez* le Mémoire sur l'emploi des petites armes dans la défense des places, pag. 32 ; et les pag. 121, 190 et 219 de la Défense de Vauban, édition publiée par M. le général Valazé.)
(*Note de l'Editeur.*)

chées multipliées qu'il sera contraint d'ouvrir depuis la troisième parallèle, jusqu'à la crête des mêmes glacis; et, comme nous supposons que les lunettes Q et g, sont préparées pour soutenir une guerre souterraine de longue discussion, on trouvera dans les détails suivans ce qu'il faudra pour se représenter de quelle opiniâtreté serait la défense de ces ouvrages.

Voyez d'abord pour cet effet la construction de l'une de ces lunettes détaillées feuille huitième, première partie de cet exercice, depuis la figure 22 jusqu'à la 56ᵉ, et ensuite feuille quatrième *bis*, deuxième partie, les figures 3 et 7.

Les principaux rameaux des contre-mines peuvent être poussés fort au-delà de 30 toises de distance des crêtes de glacis (1), et dans un

---

(1) M. de Cormontaingne, dans ses Mémoires manuscrits sur la théorie et l'usage des mines, place ces rameaux sur différentes directions, à droite et à gauche des arêtes et des gouttières des glacis, afin de susciter à l'assiégeant plus de difficultés dans la recherche qu'il en fera. Ce très-habile ingénieur établit aussi sous le glacis une galerie d'enveloppe pour communiquer à une grande partie des rameaux, et traverser la marche de ceux que l'assiégeant dirigera vers la galerie majeure de la contrescarpe; mais tout cela tient à un système complet dont nous ne plaçons ici que la plus simple esquisse.

Lisez Vauban depuis le chapitre XVIII jusqu'au XXI

ordre beaucoup plus composé que celui où ils
sont dans nos dessins, feuille quatrième ; mais
comme cette partie est exercée par un corps
d'officiers qui en font une étude particulière et

---

inclus, sur les mines (pages 163 de l'Attaque des places ,
et 191 de la Défense, *nouvelles éditions*). *Idem* les Mémoires
de Saint-Remy, tome 3. *Idem* les Mémoires de Goulon.
Lisez aussi la dissertation de M. de Vallière sur le même
sujet, et aussi la section IV de la première partie de la
théorie nouvelle sur le mécanisme de l'artillerie de
M. Dulacq, capitaine d'artillerie du roi de Sardaigne (*a*).

(*a*) L'utilité des mines a été appréciée de manières fort diverses,
tant que les mineurs ont formé un corps entièrement séparé du
génie militaire ; ainsi quelques officiers prétendaient que leur art
suffisait seul pour défendre les places. *Voyez* les Mémoires de
Vallière et les discussions de Cormontaingne relatives à la lunette
du fort Belle-Croix, à Metz.

Ces prétentions ont cessé depuis que les mineurs sont réunis au
corps du génie ; et des prix ayant été proposés pour le perfectionnement de la fortification souterraine, il en est résulté de nouvelles
recherches, parmi lesquelles on doit distinguer le Traité de fortification souterraine de Gillot, qui a produit une espèce de révolution
dans l'opinion qu'on avait sur les mines défensives ; le capitaine
Gillot s'est étendu sur la manière de les attaquer en les tournant
dans bien des cas.

Les ouvrages principaux à consulter maintenant sont ceux de
Lefebvre, relatifs au siége de Schweidnitz en 1762 , ceux de Mouzé,
de Gillot, de Gumpertz et Lebrun ; le Manuel pratique du mineur,
par M. Villeneuve, capitaine du génie, rédigé d'après les expériences faites par les régimens du génie, particulièrement par le
deuxième, lors de son commandement par M. le baron de Fleury.
(Note de l'Éditeur.)

la perfectionnent chaque jour ; notre intention ici, à cet égard, est seulement de placer une idée des avantages considérables que la défense des fortifications peut tirer de la guerre souterraine, et nous y joignons cette réflexion de feu M. de Cormontaingne, sur les inconvéniens qui résulteraient de vouloir de première construction établir sous une place entière la multitude de galeries, de puits et de rameaux, qui seraient nécessaires pour préparer sous chaque front l'exécution des chicanes dont cet art est susceptible à l'infini ; car la quantité de points sur lesquels il faut que les mineurs assiégés travaillent à la fois sous les fronts attaqués, exige que la place soit constamment pourvue d'un grand nombre de ces ouvriers, de crainte d'en manquer peut-être totalement lors d'un investissement imprévu ; alors la dépense considérable de cette première construction devient surabondante et tombe en pure perte par cette cause capitale, ajoutons-y celles inévitables des dégradations qu'un nombre d'années accumule dans ces petits ouvrages souterrains, où la construction et l'entretien ne peuvent être suivis avec les mêmes soins qu'on donne aux ouvrages.

Les détails abrégés contenus dans la feuille

quatrième *bis* et dans sa légende (1), sur les directions et les proportions des mines et des contre-mines, ainsi que sur les dérangemens que leurs effets réciproques doivent occasioner, à tout moment, dans la disposition et l'exécution des tranchées des deux fronts attaqués, satisferont à ce que nous nous sommes proposé de donner ici sur cette matière.

Quoique les figures de détails de la feuille quatrième *bis*, soient appliquées à l'attaque et à la défense des deux lunettes Q et g particulièrement, elles pourront également servir à rendre raison de la guerre souterraine et de la conduite des tranchées dans l'attaque principale, depuis la prise de la lunette Q, jusques et compris le couronnement du glacis, et les logemens dans le chemin couvert du corps de place ; car les principales parties du front CD, ainsi que celles du front a b et des lunettes Q, r et g, figure 1 et 2, feuille quatrième, étant cotées des pro-

---

(1) Dans toutes les figures de cette feuille quatrième *bis*, les contre-mines et leurs effets sont exprimés par un trait de couleur violette, et les mines de l'assiégeant sont exprimées par une couleur verte (*a*).

(*a*) Pour remplacer les couleurs dans la gravure, on a distingué les mines défensives de celles offensives, par un ponctué différent indiqué sur la planche 5.　　　(*Note de l'Éditeur.*)

portions de leur relief, il sera facile de se procurer les profils qu'on voudra, pour se rendre compte des divers incidens que les différences de ce relief occasioneront dans l'attaque et dans la défense de ces ouvrages, toutes circonstances d'ailleurs pareilles à celles auxquelles ces figures seront applicables.

Supposant donc que les mines auront de part et d'autre autant d'effet qu'il est possible dans cette discussion entre l'assiégeant et l'assiégé, et que cependant celui-là, comme plus nombreux, beaucoup plus développé et à force de constance, surmontera chaque obstacle dans l'espace de temps qu'il sera nécessaire d'y employer (1), nous allons reprendre la conduite

---

(1) Lisez sur les moyens que l'assiégeant peut employer pour crever à la fois plusieurs galeries de contre-mines, les trois Mémoires que M. Bélidor a insérés dans les Mémoires de l'Académie des sciences (a).

(a) Le siége de Schweidnitz, où l'on a fait usage dans l'attaque des globes de compression de Bélidor, a prouvé que les effets que ce savant avait annoncés étaient exagérés ; il a prouvé aussi que bien des fois on ne gagnerait rien en vitesse sur le mineur ennemi, que l'on ne se ferait point ainsi précéder par la destruction constante des contre-mines, et que l'on pourrait fort bien rester stationnaire, le mineur assiégé ayant le temps de se reporter en avant. Mais combinés avec les puits à la Boule de Gillot et la suppression du bourrage de Mouzé, les fourneaux surchargés deviennent une arme excessivement redoutable dans les mains de l'assiégeant. (*Note de l'Edit.*)

des tranchées, et seulement indiquer à chaque pas les difficultés que leur cheminement éprouverait par le jeu des mines et des contremines, etc.

On ne peut assigner le nombre de jours que l'assiégeant cheminant ainsi, emploiera dans chaque temps des établissemens de ces nouvelles tranchées, que par une combinaison qu'il faudra faire sur les données dont voici l'énoncé, savoir (a):

La longueur des rameaux (1) à faire, de part

---

(1) Dans un terrain homogène et de moyenne consistance un mineur et ses aides peuvent dans l'espace de...... heures fouiller et former une toise courante d'un rameau de mine en charpente sur les proportions données fig. 8, feuille quatrième. Lisez, sur la conduite de ce travail, l'article concernant la construction des mines, page 157 du premier tome des Elémens de la guerre, par M. Leblond, et les 8 ou 10 premières pages du tome 3 des Mémoires de Saint-Remy, troisième édition (b).

(a) L'avancement du travail de la sape pleine dans les écoles et dans un terrain de consistance ordinaire, est d'un gabion par quart d'heure. (*Note de l'Editeur.*)

(b) Nous avons laissé ce nombre d'heures en blanc comme il se trouve dans le manuscrit, mais nous ajoutons que les mineurs du deuxième régiment du génie ont exécuté à Arras le travail complet d'une demi-toise courante dans l'espace de 3 heures. *Voyez* pour plus de détails le Manuel du mineur, par M. Villeneuve, capitaine du génie. (*Note de l'Editeur.*)

et d'autre, sur les directions et dans un terrain de ténacité donnée; la quantité, les positions et les effets des fourneaux que l'assiégeant et l'assiégé feront jouer; enfin, l'activité réciproque et constante, également dans l'attaque et dans la défense.

Tout cela posé, l'assiégeant procédant à pousser ses travaux en avant de la troisième parallèle, en débouchera à la sape pleine ou volante, de part et d'autre des capitales, figures 1 et 2, feuille quatrième, par des tranchées courbes (1) de 8 ou 10 toises de flèche et convexes du côté de la place; de là se dirigeant aux saillans correspondans du chemin couvert sur chacune de ces capitales, par des sapes debout (2); celles de ces sapes qu'il aura dirigées

----

(1) Ces tranchées courbes ou portions circulaires ont pour propriété de porter des feux directs contre ceux que les faces des places d'armes rentrantes opposent à la construction des tranchées qui cheminent en avant de celles-ci; elles doublent la communication à ces tranchées, et leurs revers offrent des emplacemens propres pour y déposer tous les matériaux qu'il convient d'avoir le plus à portée possible des têtes des sapes, au moyen de quoi le revers de la troisième parallèle est d'autant plus dégagé d'embarras.

(2) Toute sape debout chemine entre deux parapets ou épaulemens qui la préservent des feux de flancs du

aux saillans semblables des lunettes Q et g, il les terminera suivant le plus ou moins d'inclinaison des glacis, à 12 ou 14 toises de ces saillans, par une nouvelle tranchée courbe, mais concave du côté de la place, et qu'il étendra sur sa droite et sur sa gauche jusqu'à la rencontre des prolongemens de la crête du glacis, de part et d'autre du même saillant : enfin, à chacun des deux bouts de cette tranchée courbe, il élèvera, sur la longueur de 5 ou 6 toises, les branches d'un cavalier de tranchée (1) dont

---

chemin couvert et des ouvrages; cette sape est toujours double et construite par deux files de sapeurs, qui travaillent parallèlement l'une à l'autre, et toujours à même hauteur, en se couvrant chacune en tête par un gabion farci, que le premier sapeur de chaque file roule devant lui à mesure qu'il avance, fig. 10, feuille quatrième *bis* (a).

(1) Voyez les figures 10, 11, 12 et 13, feuille quatrième *bis*, pour l'intelligence de la construction des cavaliers de tranchée, soit à la sape pleine ou à la sape volante. La longueur et le relief des épaulemens du cavalier de tranchée dépendent du plus ou moins de commandement et de saillie des ouvrages de la place qui ont action sur la position qu'occupe ce cavalier de tranchée (b).

(a) Le travail de la sape debout est plus lent que celui de la sape simple; on compte qu'il faut environ dix-huit minutes par gabion, un cinquième de plus. *Voyez* le Manuel du sapeur, par M. Villeneuve. *(Note de l'Editeur.)*

(b) La position la plus rapprochée des cavaliers de tranchée est à

11*

l'objet est de porter sur l'intérieur du chemin couvert, et principalement sur sa banquette, des feux plongeans qui contraignent l'assiégé à s'en retirer, et ne s'y présenter désormais que la nuit et en petit nombre.

Indépendamment de la scène qui commencera ici sous terre entre l'assiégeant et l'assiégé, ils s'accableront réciproquement d'une grêle de bombes, de grenades et de pierres ; et si la grande proximité où le centre de l'attaque principale se trouve de la lunette Q, restreint l'assiégé à ne plus faire sur cette partie de la tranchée que de petites sorties, pour donner l'épouvante aux travailleurs, et déranger le travail des sapes, il pourra néanmoins exécuter encore des sorties (1) nombreuses sur la gauche

---

13 ou 14 toises de la crête du chemin couvert, portée extrême des grenades à main que l'assiégé lance.

(Note de l'Éditeur.)

(1) Quelques auteurs ont insinué qu'au lieu des barrières de sorties qui occasionent des trouées dans le parapet du chemin couvert, l'assiégé pourrait d'un moment à l'autre et à sa volonté, jeter sur ce parapet des ponts de rampes volans formés avec des planches couchées sur chevalets ; mais outre que ces rampes lui seraient très-dangereuses dans ces momens-ci, il serait fort embarrassant de les faire poser sur la crête du glacis par des-

et sur la droite de cette attaque, jusqu'à ce que l'assiégeant ayant pour le moins couronné le chemin couvert de la lunette **Q**, ait établi la quatrième parallèle de part et d'autre du cavalier de tranchée dont il vient d'être parlé ; car il est évident qu'on ne pourra, jusqu'alors, faire que des amorces de la quatrième parallèle sur la droite en tête des communications qui croisent la capitale de la demi-lune **M**, figure 1, feuille quatrième, comme nous l'avons déjà pressenti. C'est par toutes ces raisons que nous appuyons la gauche de la troisième parallèle, dans l'attaque principale, et sa droite, dans la fausse attaque, par des redoutes, sur le devant desquelles l'assiégeant fera passer quelques rameaux de mines, pour empêcher l'assiégé de pousser jusque-là quelques-uns de ses rameaux de contre-mines.

On peut dire à peu près les mêmes choses de la fausse attaque, sur ces circonstances qui sont particulières à la disposition des ouvrages des deux fronts attaqués, et qui n'en sont que plus avantageuses à la défense de ces deux fronts.

A mesure que les places d'armes rentrantes

---

sus la pointe de la palissade, à moins que cette palissade ne fût tournante comme celles que Coëhorn a imaginées.

du chemin couvert seront plus reculées en arrière des places d'armes saillantes embrassées par les cavaliers de tranchée, on liera ceux-ci entre eux par des quatrièmes ou cinquièmes parallèles (1), un peu bombées vers les places d'armes rentrantes, afin de les serrer de plus près, mais avec soin que cette convexité n'expose pas ces parallèles à être battues d'écharpe, autrement il faudrait y faire des traverses, comme on le voit dans nos deux attaques, plus pour exemple que par nécessité ; car nous aurions pu avancer moins ces parallèles.

L'assiégeant débouchera ensuite des cavaliers de tranchée par deux sapes debout dont on peut voir les directions et la construction figure 10, feuille quatrième *bis*, il fixera les têtes de ces doubles sapes à 15 ou 18 pieds de distance de la crête du glacis, pour y établir le couronnement du chemin couvert qu'il construira à la sape pleine,

---

(1) Devant des fronts réguliers dont les places d'armes rentrantes seraient fortifiées comme dans ceux-ci, mais qui ne seraient pas eux-mêmes précédés d'ouvrages avancés, tels que les lunettes Q et g, il suffirait d'une quatrième parallèle attachée aux cavaliers de tranchée, et même la troisième parallèle mènerait seule à attaquer le chemin couvert d'un front simple dont les places d'armes rentrantes ne seraient pas retranchées.

si l'opiniâtreté de la défense l'y oblige, ou que ce qui lui restera du temps destiné pour ce siége le lui permette. Si, au contraire, il remarque du ralentissement dans la défense, ou qu'il soit sollicité par quelque circonstance pressante du temps ou des événemens, il brusquera ses attaques et fera le couronnement à la sape volante, non pas, cependant, sans avoir auparavant cherché sous le glacis la plus grande partie des contre-mines de l'assiégé, et prévenu leurs effets : voyez-en un détail figures 3, 4, 5 et 6, feuille quatrième *bis*, et dans la légende de cette feuille.

Ici l'assiégé pouvant juger par le progrès des tranchées, à quels points à peu près se trouvent les travaux souterrains de l'assiégeant qu'il ne cesse d'observer de toutes façons, sera souvent à même de les déranger beaucoup, et de reculer de plusieurs jours leur avancement. Lisez Goulon, sur cette guerre souterraine.

Lorsque le chemin couvert de la lunette Q, aura été couronné ainsi pied à pied ou de vive force, ou de l'une et de l'autre manière alternativement, et que l'artillerie de la gauche de la fausse attaque, avec quelques batteries de la droite de l'attaque principale, auront mis le chemin couvert de la lunette r dans un désordre tel qu'on puisse avec succès entreprendre de l'emporter de vive force , l'assiégeant l'attaquera de cette façon , et le couronnera à la sape volante. *Voyez* un détail de cette opération figure 1 et 2, feuille cinquième, et dans la légende de cette feuille (1).

---

(1) Beaucoup d'ingénieurs pensent depuis long-temps qu'un moyen vraiment efficace de rendre presque impraticable, surtout à la sape volante, le travail du couronnement du chemin couvert, serait de planter sur les glacis quantité d'oseraies ou de petits bois nains de ronces et d'épines, dont l'assiégé ferait un recépement avant l'ouverture de la tranchée, il en resterait les racines dans lesquelles l'assiégeant aurait des peines infinies à creuser ses logemens (a).

Si, comme nous l'avons supposé, le chemin couvert

(a) Il y a fort long-temps que le comité des fortifications a ordonné la plantation d'arbres sur les glacis des places, nous ignorons si cette mesure a reçu une entière exécution ; voici au reste l'exposé des motifs sur lesquels cette plantation, vivement recommandée par M. Noizet de Saint-Paul, était basée :

« Les souches et racines des arbres qu'un assiégeant rencontre sur « le cheminement des tranchées, et surtout à l'époque du couron- « nement du chemin couvert et de l'établissement des cavaliers de « tranchée, étant capables de lui faire perdre un temps d'autant « plus précieux que le travail que lui présente l'extraction de ses « souches et racines devient plus meurtrier à raison de la proxi- « mité des feux de l'assiégé.

« Les ressources en bois ne pouvant trop se multiplier dans les « places assiégées.

« Les glacis seront plantés en arbres de haute futaie et en taillis, « en choisissant les arbres convenables à la différence des climats,

A quoi nous ajoutons que le tracé de ce couronnement doit être fait tout de suite, avant de

---

est armé d'un second rang de palissades de 4 pieds 6 pouces de hauteur, planté à moitié talus de la banquette, et ouvert de 18 pieds en 18 pieds par de petites barrières de 2 pieds six pouces de large chacune, que l'assiégé manœuvre à son gré, lorsqu'il veut border le parapet ou se retirer dans le terre-plein; l'assiégeant n'attaquera ce chemin couvert qu'après s'être assuré d'y trouver quantité de brèches faites aux deux rangs de palissades par le canon de ses attaques.

L'assiégé pourra aussi enterrer sous le glacis à 10 ou 12 pieds de sa crête, et à 2 pieds 6 pouces ou 3 pieds de profondeur, des caissons de bois remplis de bombes chargées, ayant leur orifice posé sur le fond du caisson, où le feu leur sera communiqué par un saucisson dont l'autre bout sera dans quelques rentrans du chemin couvert, d'où l'assiégé pourra l'allumer en se retirant de sa contrescarpe. L'effet de ces bombes sera terrible pour les travailleurs qui couronneront alors la crête du glacis, à moins que l'assiégeant, s'il en a été prévenu, n'ait d'abord pénétré dans le chemin couvert en force, et avec la plus grande impétuosité, pour se saisir du saucisson et l'arracher, s'il le peut partout, avant que l'assiégé poursuivi, ait pu le

« à la qualité du sol, et dont l'espèce est la plus utile aux travaux
« de l'artillerie ou des différentes constructions.

« Les directeurs des fortifications commenceront ces plantations
« sur les fronts d'attaque présumés; et ils en proposeront la conti-
« nuation annuelle dans leurs projets, etc. »

(*Note de l'Éditeur.*)

songer aux traverses, afin d'éviter la confusion
trop ordinaire dans le premier moment de ce
travail, mais aussitôt après ce tracé fait,
on procède à celui des traverses que l'on fait à
centre plein de gabions, formant ensemble une
figure parallélogrammique rectangle qui a cinq
gabions équivalens à 10 pieds pour son épaisseur, et huit gabions ou 16 pieds pour sa longueur, laquelle excédera, par conséquent, de 2
pieds la largeur de la tranchée que ces traverses
interceptent. La distance entre chaque traverse
et son recouvrement est de 9 pieds ; on multiplie
plus ou moins les traverses et l'on augmente
ou l'on diminue plus ou moins la longueur
de leurs recouvremens sur une même branche
de couronnement de glacis, suivant le plus ou
moins de commandement des ouvrages qui en-
filent la direction de ce couronnement, et suivant qu'il peut être vu de revers plus ou moins
par la saillie de ces ouvrages. On suit la même
règle pour la disposition des traverses et de

-----

trouver au moment d'y mettre le feu. Goulon propose de
remplir de poudre ces caissons (a).

(a) Voyez le Manuel du mineur du capitaine Villeneuve, pour les
fougasses à bombes, et les fougasses pierriers de M. le général baron
de Fleury.   (*Note de l'Editeur.*)

leurs recouvremens, dans un couronnement de chemin couvert construit à la sape pleine. Lisez Vauban, chapitre XIII de la Prise, et chapitre III de la Défense du chemin couvert (*a*).

On observera dans la fausse attaque que l'assiégeant ait cherché à se rendre maître de la flèche cotée *b*, figure 2, feuille quatrième, en même temps qu'il aura élevé son cavalier de tranchée sur le glacis de la lunette g; bien entendu qu'il aura auparavant éventé les contre-mines par lesquelles l'assiégé aura mis cette flèche en état d'être reprise plusieurs fois. Quand on s'est assuré des dessous de ces sortes d'ouvrages, on les tourne par leur gorge, et on les enveloppe par des tranchées. *Voyez* la même flèche *b*, figure 2, feuille quatrième, et son profil figure 9 même feuille *bis*.

Les batteries de brèche et les contre-batteries qui occuperont le couronnement du chemin couvert, occasioneront dans sa première forme plusieurs changemens par rapport aux emplacemens du canon, lesquels exigeront aussi qu'on allonge et qu'on rehausse les traverses et leurs recouvremens, et même qu'on en supprime quel-

---

(*a*) Pages 88, 127 à 135, et 227 de la nouvelle édition de l'Attaque; et 28, 108 à 213 du Traité de la Défense.

(Note de l'Editeur.)

ques-unes qui pourraient occuper des places où le canon aurait plus d'efficacité qu'ailleurs. *Voyez* la disposition de ces batteries, figures 1, 2, 3, 7 et 10, feuilles quatrièmes, et leur destination expliquée dans la légende de cette feuille.

Dans les cas qui l'exigeront, et dont les figures 3 et 7 de la même feuille donnent un exemple, l'assiégeant se logera dans le terre-plein même du chemin couvert, et y communiquera par des galeries blindées qu'il percera à travers la crête du glacis, en les dirigeant aux défilés des traverses du chemin couvert, lesquelles masqueront ainsi le débouché de ces galeries du côté de l'assiégé, figures 7, 15 et 16, feuille quatrième *bis*.

La brèche que nous faisons ici à la contre-escarpe par le moyen de la mine, procurera à l'assiégeant la faculté de s'introduire tout à coup en force dans le fossé, et privera l'assiégé de pouvoir le défendre aussi efficacement qu'il le ferait, si son ennemi n'y débouchait que par le trou d'une galerie souterraine ou blindée (*a*),

---

(*a*) Le travail d'une descente souterraine de six pieds de hauteur sur six pieds de largeur, s'avance, terme moyen, de 6 pieds courans en 12 heures dans un terrain ordinaire.

La durée du travail d'une descente blindée appliquée à une hau-

qu'il aurait conduite jusque derrière la contre-
escarpe à travers laquelle il ouvrirait ce débouché. M. de Vauban, donne des dessins détaillés de ces galeries, planches 14 et 15, et
s'explique clairement sur les difficultés infinies
qu'on doit trouver à déboucher de cette manière, pour ainsi dire un à un, devant un ennemi qui a la volonté de se défendre, surtout
dans un fossé sec, comme l'est celui des lunettes Q et g, dont la contrescarpe est de plus
adossée d'une galerie crénelée que l'assiégé peut
disputer pied à pied.

Quand l'assiégeant aura totalement chassé
son ennemi de ce fossé et de cette galerie,
qu'il aura introduit ses mineurs sous les brèches
des lunettes Q et g, pour crever leur galerie
d'écoute et les contre-mines que l'assiégé tient
sous le rempart de ces ouvrages, il y donnera
l'assaut avec toute la force et l'impétuosité nécessaires pour en rester absolument le maître;
dès cette première fois s'il le peut, et successivement y établir des logemens et de l'artillerie,
comme on le voit en général, figures 1 et 2,

---

teur de contrescarpe de 10 pieds, en supposant toujours le terrain
de consistance ordinaire, doit être comptée à raison de un pied
courant par heure. *Voyez* le Manuel du sapeur, du capitaine
Villeneuve.   (*Note de l'Éditeur.*)

feuille quatrième, et plus en grand dans les fig. 3 et 7 de la feuille quatrième *bis*. Au moyen de ces détails et de l'inspection de ceux contenus dans toutes les figures relatives à la 22ᵉ de la feuille huitième des dessins qui accompagnent la première partie de cet exercice, on pourra, comme nous l'avons déjà dit, se convaincre que l'attaque et la défense de ces ouvrages doivent être d'une discussion très-longue et très-opiniâtre.

L'attaque et la prise de la lunette r, figure 1, feuille quatrième, seront combinées pour avoir lieu à peu près dans le même temps que celles des lunettes Q et g; pour cet effet l'assiégeant ouvrira à travers le glacis et la contrescarpe de cette lunette, sur le bord de la rivière, une coupure (1) par laquelle il écoulera les eaux dont tout l'avant-fossé du front C D peut être rempli jusqu'à 9 ou 10 pieds de hauteur, par l'éclusette cotée t, tandis qu'il s'en trouvera seulement 6 pieds dans le fossé du corps de place, le fond de celui-là étant supposé de 3

----

(1) Suivant le relief de ce glacis, l'excavation de cette coupure donnerait à l'assiégeant un travail assez considérable pour faire présumer qu'il préférerait de détruire par la mine le batardeau coté u, comme on vient de le dire.

ou 4 pieds plus bas; ou bien il prolongera son logement dans le terre-plein du chemin couvert de la même lunette r sur le bord de la rivière, jusqu'au batardeau coté u pour y attacher le mineur, et ouvrir par là plus promptement un passage aux eaux de l'avant-fossé. Par ce moyen, faisant avec beaucoup moins de peine le passage du fossé de la lunette r devant la brèche ouverte à la face gauche de cette pièce, il y donnera l'assaut et y établira le logement et l'artillerie qu'on y voit, figure 1, feuille quatrième. Il comblera et passera pareillement l'avant-fossé à droite et à gauche du saillant du glacis coupé de la demi-lune M, en s'épaulant contre les feux des places d'armes rentrantes pour se disposer à attaquer ce saillant.

Nous ne pousserons pas la fausse attaque au-delà de l'établissement parfait de l'assiégeant dans la lunette g, figure 2, feuille quatrième, dont la possession entière le rendra maître de l'esplanade que cette lunette et ses glacis enveloppent sur la capitale du centre de la couronne, et qui lui procurera l'avantage de pouvoir se maintenir dans les troisième et quatrième parallèles de cette attaque, assez en force pour être sûr de résister à toute entreprise de l'assiégé sur cette partie (1), et de favoriser beaucoup la droite de l'attaque principale.

Suite de l'attaque principale depuis la prise des lunettes Q et r, jusqu'à la réduction de la place.

Lorsque l'assiégeant aura pénétré dans la galerie de contrescarpe opposée à la gorge de la lunette Q, figure 1, feuille quatrième, et qu'il aura saisi le dessous de l'esplanade de cette pièce (2), il développera sur cette esplanade une cinquième parallèle dont l'objet doit être de soutenir l'établissement du cavalier de tranchée sur le glacis du bastion C, et la construction d'une sixième parallèle attachée aux épau-

---

(1) Nous supposons qu'il se sera aussi rendu maître de l'extrémité de la galerie de communication qui vient de la grande contrescarpe, déboucher dans la caponière devant la gorge de cette pièce, et enfin de cette caponière elle-même. Il est évident que tout ce détail donnera encore à l'assiégeant beaucoup de travail et de peine.

(2) Voyez feuille 8 de la première partie de cet Exercice, les dessous de cette esplanade, depuis l'arrondissement de la grande contrescarpe jusques et compris les détails de la lunette.

lemens de ce cavalier, et destinée à serrer de
près les deux places d'armes rentrantes ne face de
ce bastion ; enfin, il débouchera de ces dernières
parallèles pour entreprendre et exécuter pied
à pied le couronnement du glacis sur cette gauche de son attaque, suivant pour cet effet les
mêmes procédés que nous venons de détailler
sur le jeu réciproque des mines et des contre-
mines, et sur la conduite des tranchées à l'occasion des lunettes Q, r et g.

Comme la droite de son attaque doit toujours
cheminer à même hauteur que la gauche, il
aura dans le même espace de temps donné l'assaut à la lunette r, fait le passage de l'avant-
fossé de part et d'autre du saillant de la demi-
lune M, et attaché au talus extérieur du glacis
coupé de ce saillant, dans les brèches que son
canon y aura préparées pour cela, deux mineurs, avec ordre de s'enfoncer jusque sous le
réduit (1) de la place d'armes saillante, pour
faire sauter au moins l'angle flanqué de ce ré-

---

(1) L'inspection seule de ce réduit détaillé, fig. 17, 18
et 19, feuille huitième de la première partie de cet exercice, fait connaître la résistance vive et longue que l'assiégé pourra opposer à la prise de ce saillant, où son
ennemi ne sera qu'à l'étroit et mal à son aise, surtout en
commençant cet établissement.

duit. Aussitôt après le succès de cette opération, il attaquera ce saillant, et s'y logera sur la crête du glacis, où il établira deux batteries de canon qu'il emploiera d'abord à achever de détruire le réduit, ensuite à battre en brèche les faces des deux demi-bastions du même front C D, et à percer, s'il le peut, la partie de ces faces qui ferme le fossé des coupures intérieures de ces bastions.

Dans ces entrefaites, et toujours sous la protection des feux de toute cette droite de l'attaque principale, et de la gauche de la fausse attaque, l'assiégeant, après avoir préparé en plusieurs autres endroits, le passage de l'avant-fossé, figure 1, feuille quatrième, entreprendra pied à pied et de vive force alternativement, de se loger, en partie, sur la crête du glacis coupé à sa gauche, et le reste dans le terre-plein même du chemin couvert, principalement sur sa droite; parce que la branche de la couronne et la lunette f, figure 2, feuille quatrième, le verraient à dos s'il se logeait sur cette crête du glacis coupé de la demi-lune M : par la même raison, il ne fera point brèche de ce côté-ci à la contre-garde de cette demi-lune, et la batterie destinée à cet effet sera placée sur le glacis coupé de l'autre face de cet ouvrage, avec attention d'y multiplier les traverses, et de les

allonger, ainsi que leurs recouvremens, assez
pour préserver ces batteries d'être vues de revers par la demi-lune L; il établira en même
temps les autres batteries qui doivent occuper
le reste du couronnement du chemin couvert,
pour faire brèche aux réduits des places d'armes rentrantes (1), pour augmenter les brèches
des faces et contre-battre les flancs des deux
demi-bastions du front attaqué (2); bien entendu qu'à chaque pas, il se sera précautionné
contre les différens moyens de chicanes par lesquels on voit que l'assiégé pourra long-temps
contrarier ces établissemens, et quelquefois en
détruire plusieurs parties, si, comme nous le
supposons, il connaît la force de son chemin

---

(1) **Voyez** par les détails de construction et des dessous
de l'un de ces réduits, fig. 11, 12, 13, 14 et 15, feuille
huitième, première partie, de quelle défense ils sont susceptibles, et combien l'assiégé peut les disputer long-temps
à son ennemi.

Voyez-en aussi l'attaque et la prise dans le détail des
figures 3 et 4, feuille cinquième, deuxième partie de cet
exercice.

(2) **Voyez** fig. 1, feuille quatrième, la disposition générale et les directions de toutes ces batteries; voyez-en
aussi une partie plus en grand, fig. 3 et 4, feuille cin
quième.

couvert, de ses réduits de places d'armes rentrantes, et l'efficacité des flancs supérieurs et inférieurs des demi-lunes L et M (1), figure 1, feuille quatrième.

Cependant l'assiégeant parviendra à donner l'assaut aux réduits des places d'armes rentrantes, et tâchera de forcer, du même coup de main, le petit retranchement qui couvrira l'escalier de la gorge de ces réduits (2); s'insinuant ensuite par le fossé du réduit de la

---

(1) Voyez feuille huitième, première partie, les figures 1, 3, 4 et 5 pour connaître l'extrême efficacité de ces flancs inférieurs voûtés à l'épreuve et à face ouverte, sous le parapet des flancs de la demi-lune, et dans chacun desquels on placera deux obusiers qui tireront à ricochet dans les logemens du chemin couvert des bastions, verront à dos le passage du fossé, et à revers les brèches des bastions; ce qui forcera l'assiégeant à se soumettre entièrement la demi-lune, avant qu'il puisse entreprendre le passage du grand fossé.

(2) Ces retranchemens seraient formés d'une gabionnade bordée au dehors par un rang de palissades inclinées, et faite pendant le cours du siége, au moyen de laquelle l'assiégé peut tenir dans le réduit au moment de l'assaut, et empêcher l'assiégeant d'y faire, pour cette fois, autre chose que de couronner la brèche dont l'assiégé pourra aussi contrarier le travail en sortant de temps en temps de ce petit retranchement.

gauche (1), dans le fossé de la contre-garde
de la demi-lune M, il chassera son ennemi de
la caponière de ce fossé, afin de pouvoir avec
sûreté attacher au pied de la brèche de cet
ouvrage deux ou trois mineurs (2), qui s'en-
fonceront sous cette contre-garde, pour faire à
travers son massif, par le moyen de trois ou
quatre fourneaux de mine, une ouverture telle
que la même batterie qui aura précédemment
fait brèche à la contre-garde, puisse attaquer
pareillement la face de la demi-lune M; il péné-
trera incessamment dans le fossé de cette pièce
pour en chasser l'assiégé, s'emparer de la galerie adossée à la gorge de la contre-garde, et
attacher le mineur à la même face de la demi-
lune, afin d'y faire une brèche suffisante, et de
détruire en cette partie la galerie d'écoute qui
règne derrière l'escarpe entière de cet ouvrage.
Voyez par les détails de la construction de

———————

(1) Le fossé de ce réduit est seulement d'un pied au-
dessus du fossé de cette contre-garde, parce que le relief
de la fortification est moins élevé à ce front-ci qu'aux
autres.

(2) Ces mineurs auront attention de se tenir toujours à un
pied au-dessus des plus hautes eaux que l'assiégé peut
mettre dans ce fossé d'un moment à l'autre, et que nous
supposons portées à 10 pieds de profondeur.

cette pièce, figures 1, 2, 3, 4 et 5, feuille huitième, première partie, de quelle force de défense elle serait susceptible, pour peu que l'assiégé voulût en faire usage, et ajouter, comme nous le supposons, un tambour de charpente (1), couvrant l'escalier de la gorge, par où il se procurerait la faculté de ne pas désemparer totalement de la demi-lune après l'assaut, et de chicaner à plusieurs reprises les premiers logemens de l'assiégeant dans cet ouvrage. Néanmoins, celui-ci devenant entièrement maître de la demi-lune y établira, ainsi que dans son fossé, des batteries qu'il dirigera contre la courtine, contre la tenaille et contre les épaules des bastions, figure 1, feuille quatrième ; ensuite de quoi, sous la protection des feux redoublés de sa mousqueterie et de toutes ses batteries, dont la plupart auront déjà depuis long-temps agi très - efficacement contre les défenses et

---

(1) Ces tambours en charpente sont construits d'un rang de poutrelles de 12 pieds de long sur 8 pouces d'épaisseur, plantées debout, bien jointives, assujéties par une lambourde, comme on le voit au profil figure 6, feuille cinquième.

Lisez Vauban, chapitre XIV et XV de l'Attaque, et le VIᵉ chapitre de la défense de la demi-lune. (*Voyez* la nouvelle édition publiée en 1829.)

contre les revêtemens du corps de place, il procédera à faire le pont et l'épaulement pour le passage du grand fossé, devant les parties les plus éboulées des brèches qu'il aura jusque-là ouvertes aux faces des bastions.

M. de Vauban entre dans un très-grand détail sur cette opération qu'il regarde, avec tous les ingénieurs, comme la plus difficile et la plus pénible qu'on ait à faire dans le cours d'un siége, lorsqu'il s'agit, comme dans celui-ci, de passer un fossé dans lequel l'assiégé peut à sa volonté, manœuvrer un volume d'eau considérable, en l'élevant ou le baissant par des chasses alternatives et précipitées de ses écluses (1) peu éloignées l'une de l'autre, et soustraites à la vue de son ennemi.

Cependant, après avoir examiné les effets de

---

(1) On peut voir feuille première de la première partie, ces écluses indiquées, savoir : celle de chasse cotée y, traversant le fossé au saillant du bastion B, et celle de fuite cotée Z, qui traverse souterrainement la gorge du bastion D, et qui est détaillée dans les fig. 21, 22, 23 et 24, feuille septième, première partie. L'écluse cotée y, retiendra depuis celle Y également détaillée même feuille septième, d'entrée des eaux jusqu'au bastion B, un magasin d'eau considérable que l'assiégé pourra ne commencer à remplir qu'au moment où l'assiégeant battra en brèche les bastions C et D. Il est facile de se représenter aussi com-

ces écluses, l'assiégeant cherchera premièrement, le moyen d'ouvrir aux eaux du grand fossé un écoulement qui puisse être perpétuel, et de passage plus large que ceux ensemble supposés de 39 à 40 pieds de l'écluse cotée y, feuille première, première partie; pour cela il aura dans la place d'armes saillante du bastion D, figure 1, feuille quatrième, deuxième partie, une batterie dirigée contre le batardeau x, attenant à l'épaule de ce bastion : mais ne pouvant percer aussi bas qu'il le faudrait ce batardeau, parce qu'il sera couvert de ce côté-ci par un remblai de 9 ou 10 pieds d'épaisseur de fumier ou de terre avec fascinage, il avancera un logement dans le terre-plein du chemin couvert, depuis la place d'armes saillante ci-dessus, jusqu'à la culée du batardeau près de la contrescarpe, à laquelle attachant un mineur, il ouvrira une brèche convenable pour l'écoulement projeté. On peut présumer quels seront les obstacles que l'assiégé opposera à cette opération particulière; mais pour s'assurer de ne pas en manquer l'effet, l'assiégeant pourra en même temps ouvrir à travers le glacis coupé le chemin cou-

---

bien les effets de l'écluse de fuite cotée Z seront considérables, tant que l'assiégeant ne sera pas venu à bout d'ouvrir à ces eaux un écoulement qui soit continuel.

vert et la contrescarpe en face du bastion D,
figure 1, feuille quatrième, une coupure cotée
z, dont l'excavation calculée sur les proportions du relief de cette partie de la fortification,
fera connaître en combien de jours il serait
possible de mettre cette coupure au point de
produire l'effet désiré, c'est-à-dire d'évacuer
seulement les 4 ou 5 pieds de hauteur d'eau
dont nous supposons que l'assiégé pourra élever
la surface de celle qu'il aura constamment en-
tretenue jusque-là dans le grand fossé, à six
pieds de profondeur comme on l'a déjà dit.

Supposant donc les choses en ce dernier état,
l'assiégeant qui, pendant le temps dont nous
venons de parler, aura commencé à combler
le fossé près de la contrescarpe, vis-à-vis les
brèches des deux demi-bastions, en s'épaulant des réduits des places d'armes rentrantes, continuera ce travail soit en forme
de digue, comme M. de Vauban le prescrit
chapitre XXIV (a), soit en attachant à cette
première partie du comblement qui servira de
culée un pont de fascinage, dont voici la
construction (1).

(a) Pages 141 à 156 de la nouvelle édition de l'Attaque.
(*Note de l'Éditeur.*)

(1) Cette construction est extraite d'un manuscrit inti-

On jettera d'abord dans l'eau, tout près de la contrescarpe, quantité de fascines avec des

---

tulé : *Supplément à l'attaque et à la défense des places* ; il est plein de bons principes et raisonné sur beaucoup de faits d'expérience qu'il cite. Il est sans nom d'auteur (*a*).

(*a*) Le manuscrit dont il est question ici est de M. de Perdiguier, qui était directeur des fortifications de l'Alsace en 1743 ; mais il paraît que M. Duvignau n'a pas connu le dernier Mémoire de cet ingénieur, et qui se compose, ainsi qu'il le dit lui-même, des trois premiers Mémoires qu'il avait faits précédemment, et qui sont le fruit de vingt et un siéges ou défenses de places ; car la description que donne M. de Perdiguier du pont de fascines pour le passage des fossés pleins d'eau, diffère en plusieurs points de celle donnée dans l'exercice de Mézières ; elle est de plus accompagnée d'un dessin qui en facilite beaucoup l'intelligence.

Les Mémoires de M. de Perdiguier sont très-estimés dans le corps du génie, et comme ils n'ont pas été publiés, nous donnerons ci-après textuellement cette description, d'après l'exemplaire de la bibliothèque de feu M. le comte Daru, en y ajoutant le dessin, qu'on trouvera feuille quatrième, figure 20, de la deuxième partie.

« On établit premièrement les culées en jetant des gabions dans
« l'eau, ils sont remplis de fascines de 6 pieds de longueur qui les
« débordent de 5 pieds par le dessus, ensuite des fascines en tra-
« vers auxquelles on attache des sacs à terre pour les faire enfon-
« cer, et lorsqu'on en a jeté une assez grande quantité et qu'on est
« hors de l'eau, l'on y met des claies en travers, lardées de piquets
« que l'on enfonce dans les fascines déjà posées ; lorsqu'on peut se
« tenir dessus, l'on jette des fascines en long, et en travers du côté
« de l'épaulement pour le former et l'élever jusqu'à ce que les sa-
« peurs puissent y être à couvert, l'on place les claies sur toute la
« largeur du pont qui doit avoir 20 à 24 pieds de largeur, et l'é-
« paulement 12 à 15 ; en y passant toujours des piquets et les
« chargeant également de sacs à terre pour les faire enfoncer ; on
« les recouvre de fascines en long et en travers, couche par couche

pierres ou des sacs pleins de terre attachés à
un de leurs bouts pour les faire aller à fond ;
par dessus ces premières fascines, on jettera des
gabions farcis d'autres fascines et de sacs à
terre, ensuite de nouvelles fascines et des claies
lardées de piquets et chargées de sacs à terre
et de pierres : on continuera cette manœuvre

« alternative desdites claies et fascines, ce qui, réitéré, donne par
« succession la solidité convenable ; l'épaulement chemine et s'élève
« en même temps, et lorsqu'il y en a 4 à 5 pieds de longueur
« achevée, on continue l'avancement du pont ; 8 pieds de hauteur
« de fascines, claies et sacs à terre bien liés suffisent pour porter
« du canon. Lorsqu'on a un courant d'eau on ne saurait prendre
« trop de précautions pour l'assurer, et afin de le rendre plus solide
« il faut avoir des longerons de 6 à 7 pouces de grosseur et de la
« longueur qu'on peut les trouver, sinon les soliveaux des maisons
« que l'on démolit autour de la place sont bons pour cet usage.
« on les perce de 3 pieds en 3 pieds, l'on y passe des chevilles de
« même longueur, qui s'enfoncent dans les fascines et claies du
« pont et les contiennent ; 4 à 5 files de ces longerons suffisent, on
« les attache avec des cordes de l'un à l'autre en travers, chaque corde
« aboutit à un ancre qu'on jette au-dessus pour les contenir, et
« pour peu que les eaux soient fortes il faut répéter cette précau-
« tion de toise en toise, et y ajouter en construisant ledit pont des
« buses en suffisante quantité pour donner passage aux eaux ; elles
« se font avec quatre planches clouées, laissant une ouverture en
« forme d'auge de 10 à 11 pouces carrés : on met à un pied de leurs
« extrémités des *écrèles* de fer auxquels on attache deux anneaux
« pour pouvoir y passer des piquets de 4 à 5 pouces de diamètre,
« sur 7 à 8 pieds de longueur bien enfoncés ; toutes ces manœuvres
« et la répétition des buses se multiplient dans le même ordre jus-
« qu'à l'entier achèvement du pont.

(Note de l'Éditeur.

avec la plus grande activité, mais sans précipitation, jusqu'à ce que la culée soit faite solidement sur 5 ou 6 toises de largeur, y compris l'épaulement qu'on y élèvera pareillement en fascines, etc., pour se couvrir contre les flancs des bastions. On attachera ensuite le pont à cette culée en continuant de le former ainsi par lits de fascines faites de longs et menus branchages bien liés et qu'on entrelacera l'une à l'autre, et par lits de claies lardées de piquets pointus des deux bouts.

Pour empêcher que cette espèce de massif ne soit rompu par le courant de l'eau, on couchera sur la longueur de plusieurs de ces lits de fascines successivement 3 ou 4 files de longrines de 6 et 4 pouces de grosseur, percées de 4 en 4 pieds et traversées par des chevilles ou fuseaux de bois de 3 pieds de long et pointus des deux bouts, qui déborderont également de chaque côté; ces fuseaux entrant dans le fascinage audessus et au-dessous des longrines bien attachées l'une au bout l'autre, achèveront de lier ensemble tout ce massif, sous lequel l'eau pourra passer, et qui, mis à 8 pieds d'épaisseur, aura d'expérience faite, la force de porter du gros canon.

Comme l'auteur de la construction de ce pont ne dit pas comment il empêchera cette masse d'être emportée ou du moins dérangée par le courant plusieurs fois, avant qu'elle soit fixée par son autre bout aux décombremens de la brèche du bastion, nous imaginons qu'à mesure qu'on avancera en formant ainsi le pont, on pourrait l'amarrer par de petits ancres qu'on jetterait au fond du fossé, et dont les câbles seraient attachés aux longrines hérissées dont on vient de parler. Quant à l'épaulement on pourrait, afin qu'il chargeât moins, le faire en sacs à laine, sur la longueur seulement du pont, dans la traversée d'une culée à l'autre; c'est-à-dire sur environ 7 ou 8 toises de longueur au plus, comme on le voit, figures 3 et 4, feuille cinquième. On couvrira la surface de tout ce fascinage avec des peaux fraîches de bœufs ou de vaches, ou avec de la terre, pour les préserver des pots à feu et autres artifices que l'assiégé jette continuellement dessus.

Ces ponts étant achevés (*a*), l'assiégeant, avant de donner l'assaut aux deux bastions C et D, placera au pied des brèches plusieurs mineurs soutenus par de petits détachemens armés, pour éventer les contre-mines et percer en plusieurs

---

(*a*) On estime que ce travail avance de 3 pieds courans en 2 heures.
(*Note de l'Editeur.*)

endroits la galerie, qui avec elles occupe le dessous et la gorge des parties saillantes de ces deux ouvrages. *Voyez* pour éclaircissemens là-dessus la figure 4, feuille septième, première partie, et les figures 3 et 4, feuille cinquième, avec la figure 1, feuille quatrième, de cette deuxième partie.

Il se passera donc encore ici une nouvelle discussion de guerre souterraine assez longue, et d'autant plus périlleuse pour l'assiégeant, que son ennemi plus rassemblé dans ces petits espaces disposés de longue main, sera souvent à même de l'y prévenir et de rendre son travail inutile : néanmoins, en s'attachant à plusieurs points à la fois, et après avoir souffert plusieurs pertes de ses mineurs et de leurs travaux, l'assiégeant parviendra à gagner l'avantage, et si, dès que ses fourneaux auront quelque succès, il brusque un assaut avec l'impétuosité nécessaire pour forcer en même temps la palissade dont la contrescarpe de chacun des cavaliers C et D sera couronnée (1), il peut arriver qu'il emporte du même coup de main toute cette

------

(1) Pour ne point multiplier les dessins à l'excès, et pour ne pas faire confusion avec les logemens de l'assiégeant qui sont exprimés sur la figure 1, feuille quatrième, et

partie saillante de chacun des deux bastions, et qu'il s'y loge assez solidement pour empêcher l'assiégé d'y revenir, surtout si celui-ci s'est retiré de la galerie adossée à la gorge de cette pièce ; mais cette supposition prise purement et simplement, ne passera ici qu'après celle qu'il est tout naturel de faire sur le parti très-avantageux que la défense peut et doit tirer long-temps des dessous de cet ouvrage, de la palissade, de sa gorge, des feux de flanc et rasans des deux coupures sur son terre-plein entier ; enfin, de l'orage de bombes, de pierres et de grenades, qui doit y fondre du haut du donjon que le cavalier forme au-dessus de tout cet intérieur de chacun des deux bastions attaqués.

---

plus en grand figures 3 et 4, feuille cinquième, nous n'avons point représenté ce rang de palissades.

L'assiégé pourrait élever en dedans de cette palissade un petit parapet de deux pieds six pouces seulement d'épaisseur en gazon, à couvert duquel il tiendrait ferme contre l'assaut, et pourrait, pendant un certain espace de temps, chicaner beaucoup les premiers logemens de l'assiégeant sur la brèche ; supposé toutefois que les mines qui auraient joué auparavant n'eussent pas rompu ce retranchement que nous appliquons ici à l'instar de celui que Goulon propose de faire en dedans du deuxième rang de palissades du chemin couvert.

Cependant, ces ressources s'épuiseront et l'assiégeant, sans discontinuer de battre le revêtement des épaules des bastions, et de ruiner leurs défenses, procédera à attaquer leurs cavaliers et leurs coupures, avec du canon qu'il établira, non sans beaucoup de peine, dans le terre-plein des parties saillantes, figure 1, feuille quatrième, et figures 3 et 4, feuille cinquième, et par la mine, avec de nouveaux risques pour ses mineurs, qui auront à percer un revêtement derrière lequel règnent une galerie d'écoute et des souterrains de toute espèce, où l'assiégé sera à même de faire à cet égard la résistance la plus opiniâtre, indépendamment des feux (1), dont il pourra, du haut de ses parapets, accabler tout ce que son ennemi fera de travaux dans le fossé de cet intérieur des bastions. *Voyez* pour l'intelligence de toutes ces choses, les détails des deux bastions C et D, figures 4, 5, 21, 22, 23 et 24, feuille septième, première partie, et dans la deuxième partie, la figure 1,

---

(1) Parmi les différens expédiens dont l'assiégé peut faire usage pour servir ces différens feux, Goulon propose de coucher sur le travers du parapet, et dans le sens de leur longueur, des auges par lesquelles on fera rouler dans le fossé des bombes chargées et allumées qu'on dirigera par ce moyen sur tel point qu'on voudra.

feuille quatrième, et les figures 3 et 4, feuille cinquième.

Les brèches des cavaliers et des coupures des bastions devenant praticables, l'assiégé cherchera tous les moyens d'en rendre l'assaut difficile; il en couronnera, pendant la nuit, le sommet avec des abatis d'arbres de ses remparts, les parsemera de chausse-trapes et de toute sorte d'embarras; après quoi il lui restera, pour dernière ressource, un retranchement qu'il aura construit dès le commencement et pendant le cours du siége, dans l'intérieur de chacun des deux cavaliers et en arrière des coupures des bastions, figure 1, feuille quatrième, avec les précautions nécessaires pour être sûr, non-seulement de ne point y être forcé du même assaut qu'aux brèches, mais que l'assiégeant sera obligé d'en faire l'attaque en règle, et par conséquent de le recevoir à capitulation (a). Le plan général de

-----

(a) Voyez l'Instruction du ministre de la guerre sur la défense des places, rédigée en exécution de l'art. 86 du décret du 24 décembre 1811, et le Traité de la défense des places, par Carnot.

Ou le chapitre III du Mémorial pour la défense des places de Cormontaingne, ou enfin l'article 315, page 521 du Cours de fortification de Savart, revu par M. Augoyat, chef de bataillon du génie.

(*Note de l'Éditeur.*)

ce dernier retranchement (1), figure 1, feuille quatrième, et quelques-unes de ses parties données plus en grand avec des profils, figures 3, 4, 5, 6 et 7, feuille cinquième, feront suffisamment connaître sa construction et son efficacité. On observera que les coupures faites devant l'escarpe de ces retranchemens à travers le parapet des cavaliers et des flancs des mêmes bastions, figure 1, feuille quatrième, soient creusées jusqu'au plus bas qu'il sera possible, et qu'elles soient hérissées d'obstacles qui puissent les mettre à l'abri d'insulte autant que le reste de ces retranchemens. Lisez Vauban, chapitre XVI, sur la Prise des bastions, et chapitre VIII, sur la Défense de ces ouvrages; et aussi le chapitre XXII, à l'article de l'Attaque d'une place à tours bastionnées; lisez aussi Goulon, sur le même sujet.

Nous aurions pu dans le cours de ce projet de

---

(1) Les fig. 5, 6 et 7, feuille cinquième, appartiennent aussi à des retranchemens que l'assiégé pourrait pratiquer dans un bastion plein, tel que nous supposons être le demi-bastion b de la couronne, figure 2, feuille quatrième, pour avoir occasion d'y exprimer un retranchement de cette sorte, mais dont le tracé serait sans doute de figure différente dans un bastion entier, et peut y être varié de plusieurs façons.

siége , supposer de certaines parties des deux fronts attaqués, situées , l'une en terrain marécageux, l'autre sur le roc, pour avoir occasion de parler des différentes manières dont on y conduit les tranchées ; mais la première de ces deux situations est traitée à fond dans le chapitre XXII de M. de Vauban, à l'article de l'Attaque d'une place située dans un marais, et la différence, quoique très-grande et très-intéressante, entre l'art de construire les tranchées dans un terrain ordinaire , et l'art beaucoup plus pénible de les faire cheminer sur le roc pelé, consiste seulement en ce que l'assiégeant ne pouvant ici faire aucune excavation , est obligé de former le parapet de ses tranchées avec tout ce qu'il peut rassembler de matériaux faciles à transporter et propres à l'expédition du travail, comme le sont les fascines, les saucissons , les sacs à terre, les ballots de laine, les gabions farcis de fagots de sape et de fascinage, etc., qu'on maçonne, pour ainsi dire , les uns sur les autres , suivant les proportions de profils nécessaires pour que l'épaulement qui en est formé puisse résister à l'effet du canon , et couvrir les troupes, de même que toutes les manœuvres de la tranchée construite ainsi. L'assiégeant s'approvisionne aussi de quantité de chevaux de frise et de quartiers de palissades

amovibles (1) pour fortifier les parapets des
redoutes dont il appuie ses attaques, et pour
défendre successivement les têtes des tranchées
contre les irruptions des sorties de l'assiégé.

De ce détail, quoique très-abrégé, on pourrait conclure, qu'en situation pareille, presque
autant que dans un marais impraticable, une
place forte bien munie à tous égards, et contre-
minée sous les parties de ses fortifications les
plus accessibles, serait imprenable à siége ouvert, surtout s'il fallait que les attaques y
prissent un grand développement : ajoutons
que la garnison de cette place ayant, sur celle
qui serait située dans un marais, l'avantage de
pouvoir à chaque occasion favorable, sortir
sur telle partie qu'elle voudrait de ses environs,
deviendrait beaucoup plus que l'autre difficile
à bloquer et à réduire par ce moyen, qui cependant est le seul pour soumettre des places
situées et munies ainsi.

---

(1) On trouve dans la planche 3 des Mémoires de Goulon un bout de dessin de ces quartiers de palissades amovibles, dont nous appliquons ici l'usage, ainsi qu'il le
conseille pour faire promptement un logement, etc.

RÉCAPITULATION *faite sur des aperçus du temps qui (d'après les suppositions qu'on a établies) pourrait être employé dans chacune des circonstances remarquables du siége dont on vient de détailler le projet.*

SAVOIR :

	Jours.
Depuis le jour où l'on commencerait les lignes jusqu'à celui de l'ouverture de la tranchée.	6
Du jour de l'ouverture de la tranchée à celui où toutes les premières batteries seraient en état de tirer.	4
De ce jour à celui de l'établissement parfait de la seconde parallèle.	6
De cet établissement à celui des batteries de cette place d'armes.	3
De là jusqu'à l'établissement parfait des demi-places d'armes, à moitié distance de la seconde à la troisième parallèle, et des batteries d'obus aux extrémités de ces demi-places d'armes, ensemble	4
De celles-ci jusqu'à la troisième parallèle achevée	5
A reporter.	28

Jours.

Report. 28

De la troisième parallèle jusqu'à l'établissement des cavaliers de tranchée sur les saillans des glacis des lunettes Q et g, et des portions de quatrième parallèle attachées à ces cavaliers, y comprises les chicanes que les sorties et la guerre souterraine opposeraient aux progrès de ces ouvrages 8

De là au couronnement du chemin couvert des lunettes Q et g, fait et disputé pied à pied par le moyen des mines et contre-mines, et de celui de la lunette r fait à la sape volante, à la suite d'une attaque de vive force, y compris aussi la prise et reprise de la flèche b, ci ensemble 10

Depuis ce couronnement du chemin couvert jusqu'aux brèches faites à ces lunettes, au passage de leur fossé, à l'effet des mines de l'assiégeant sous ces ouvrages, à l'assaut qu'il y donnerait, et enfin aux établissemens qu'il y formerait 9

A reporter. . . , . . . 55

Jours.

Report. 55

Suite de l'attaque principale après la prise de la lunette Q.

Développement d'une cinquième parallèle devant la gorge de la lunette Q après les effets réciproques de la guerre souterraine sous son esplanade, passage du fossé et assaut à la lunette r. . . . 9

Établissement dans la lunette r sur le glacis coupé et dans le chemin couvert de la demi-lune M, en même temps que la construction du cavalier de tranchée et des portions de sixième parallèle devant le bastion C, guerre souterraine comprise 10

Passage de l'avant-fossé devant le bastion D, couronnement de son chemin couvert et de celui du bastion C, ainsi que des deux places d'armes rentrantes, guerre souterraine comprise. . 10

Établissement des batteries de brèches et des contre-batteries sur la crête des glacis, et dans quelques parties du chemin couvert. 4
____

A reporter. 88

Jours.

Report. 88

Prise des deux réduits de places d'armes rentrantes, et de la contre-garde de la demi-lune, jusques et compris les logemens de l'assiégeant dans ces ouvrages. 5

Brèches au corps de place et à la demi-lune, prise de cet ouvrage, coupure à travers le glacis et le chemin couvert au point z devant le bastion D, destruction des batardeaux u et x pour faire baisser les eaux du grand fossé. . 10

Descente de la contrescarpe, pont avec son épaulement pour le passage du fossé devant les deux demi-bastions C et D, attachement des mineurs aux brèches de ces bastions. 6

Assaut aux parties flanquées de ces bastions (après qu'on y aurait éventé les contre-mines) jusques et compris l'établissement du canon dans ces ouvrages, pour battre en brèche les cavaliers C et D ainsi que les deux coupures de ces bastions. 8

Brèches et assaut aux deux cavaliers C et D ainsi qu'aux deux coupures,

A reporter. 117

Jours.

Report. 117

après qu'on aurait détruit leurs galeries d'écoute , jusques et compris le moment de la capitulation qui aurait lieu
après cet assaut soutenu , à cause des
derniers retranchemens   5

Total. . . 122 (a)

CONCLUSION.

Puisque par les détails de ce projet de siége ,
et d'après les suppositions que nous y avons
établies à tous égards, il résulte que la place
donnée serait en état de résister pendant quatre mois aux efforts d'une armée assiégeante ,
nous pouvons conclure, fondés sur nombre
d'exemples mémorables, que comme on ne sau-

(*a*) Nous avons déjà prévenu, page 136, que ce résultat devait être
bien différent de celui qu'on trouve dans les journaux fictifs d'attaque de Cormontaingne, du Mémoire des Officiers du génie, de
Bousmard , etc.; parce que M. Duvignau admet dans son évaluation
que l'assiégé fera usage de toutes les ressources d'industrie ou de
résolution dont on a des exemples dans les plus belles défenses.

Le général d'Arçon a donné vers 1782 un pareil journal dans son
ouvrage sur l'événement de Gibraltar, pour servir d'exercice sur
l'art des siéges.   (*Note de l'Editeur.*)

rait entreprendre, au milieu d'une campagne, un siége pareil, sans risquer d'y échouer avec perte du meilleur fonds d'une armée, et d'une immensité d'équipages et de munitions de toute espèce, une place forte dont la situation est bien choisie, et la défense confiée à des mains habiles, doit arrêter les plus brillans succès d'un ennemi, et réciproquement appuyer puissamment ceux qu'on aurait déjà obtenus sur lui.

LÉGENDES

ET NOTES INSTRUCTIVES

DES

PLANCHES DE L'ATLAS.

LÉGENDES

DE LA

PREMIÈRE PARTIE.

MÉZIÈRES.
ÉCOLE DU GÉNIE.

❖

PREMIÈRE PARTIE.

Exercice sur le tracé, le relief et la construction des fortifications.

—

FEUILLE 1.

*Plan d'une place à fortifier dans un terrain
irrégulier, où l'on établit sa défense par
la disposition du tracé et du relief combinés de ses fortifications, et par les
moyens réunis de la guerre souterraine et
de la manœuvre des eaux.*

———

NOTA. La cote (50 pieds) étant la moindre de toutes
celles qui existent sur ce plan, désigne le point le plus
élevé de tout le terrain qui y est figuré : ainsi c'est à ce
point et à cette cote que doit être imaginé attaché le plan de
niveau général ou de comparaison sous lequel sera réglé
le relief des fortifications de cette place et de tout ce qui
lui est relatif.

LÉGENDE INSTRUCTIVE.

A. Bastion avec son retranchement et son cavalier dont on voit les détails aux dessins, feuilles cinquième, septième et huitième.

La partie rentrante à l'une et à l'autre des deux coupures du retranchement est faite pour sauver l'angle mort qui se forme entre chacune d'elles et les faces du cavalier, lorsque ces coupures sont disposées comme dans le bastion D.

B. Bastion qui a sous chacune de ses faces cinq grands souterrains voûtés à l'épreuve, et dont les détails sont donnés sur les feuilles cinquième, septième et huitième qui font connaître l'efficacité de la disposition de leurs voûtes pour empêcher ou retarder de beaucoup le succès des brèches aux faces de ce bastion.

C. Bastion avec son cavalier et son retranchement, semblables à ceux du bastion A.

D. Bastion avec son retranchement et son cavalier, tels qu'ils sont proposés dans les Mémoires de feu M. de Cormontaingne.

Nous pratiquons sous ce bastion l'écluse de

fuite cotée **Z**, destinée à retenir et manœuvrer les eaux de l'inondation pour la défense des fossés de la place ; les détails de cette écluse sont donnés feuille 7.

E. Bastion semblable à celui coté B.

F. Bastion pareil.

G et H. Bastions avec leurs cavaliers et souterrains semblables à ceux projetés et exécutés dans plusieurs places, par M. le maréchal de Vauban.

On pourrait disposer le souterrain du bastion G de manière à y pratiquer un moulin à plusieurs tournans, sur un même fil d'eau qui, passant sous la contrescarpe et traversant le fossé entre deux batardeaux attenans au déversoir BB et à l'écluse Y, serait fourni en temps de siége par l'inondation, et dans tout autre temps par un petit canal dérivé du dessus de la rivière, assez haut pour donner sur les tournans de ce moulin la chasse convenable ; alors l'avant-fossé du front GH, barré au point p, et ceux des lunettes R et S serviraient de biez à ce moulin, dont l'eau dépensée s'écoulerait devant les fronts GF et FE par le passage voûté CC; l'utilité de ce moulin est évidente. *Voyez* les détails feuille 7.

I. Bastion semblable à ceux cotés ci-dessus B, E, F.

a b c. Couronne qui couvre le grand pont éclusé AA, occupe la hauteur, la défend et empêche l'ennemi de saigner l'inondation de ce côté.

Le bastion coté a, du centre de cette couronne, est semblable à ceux cotés A et C ci-dessus, et ses deux demi-bastions c et b, ont des souterrains comme les bastions I, B, E, F, lorsque le relief de la fortification le permet.

La figure et la position de chacune des lunettes S, R, P, Q, r, f, g et h, indiquent leur destination et leur objet.

Les demi-lunes N, O, K, L, M, d et e, et les contre-gardes qui les couvrent sont toutes disposées semblablement, chacune sur leur front; on en voit la distribution et les détails sur les feuilles 5 et 7. Nous observerons seulement que dans les fronts, tels que CD, dont le relief sera plus bas qu'aux autres fronts, on sera peut-être obligé de tenir le fond du fossé de leur demi-lune, comme de celle cotée **M**, aussi bas que celui du corps de place, afin que sa contrescarpe soit de hauteur convenable.

AA. Grand pont éclusé sur la rivière pour former et soutenir l'inondation pendant le siége.

Y. Ecluse voûtée à l'épreuve, couverte d'un massif de terre, et destinée à verser et chasser des torrens d'eau dans le grand fossé des fronts **GH, HI, IA, AB, BC** et **CD**. Ces eaux fuiront ou seront à volonté tendues par l'assiégé jusqu'à 10 ou 11 pieds de hauteur, au moyen de l'écluse de fuite **Z** et du batardeau attenant.

&. Passage d'évacuation de ces eaux ouvert à claire-voie pour séparer le chemin couvert du front **CD** de celui du front **DE.**

BB. Grand déversoir de 15 ou 16 toises de large pour évacuer de superficie les eaux de la rivière dans ses crues extraordinaires, en les écoulant par devant les fronts **GF** et **FE,**

14*

à travers le passage voûté CC ; au moyen de quoi et avec les batardeaux attenans à BB et CC, les écluses Y et Z, et celles k et l étant fermées constamment dans tout autre temps que celui de siége et suivant les cas qui l'exigent, on préservera les fossés du corps de place, sur les fronts exposés aux attaques, d'être comblés par des atterrissemens qui se forment partout où l'on manque à cette précaution.

k et l. Ecluses de chasse et de fuite destinées à procurer à la défense des fossés de la couronne, les mêmes avantages que les écluses Y et Z procureraient aux fossés de la place.

t. Eclusette ou petite écluse voûtée, sous le glacis coupé du front CD, pour remplir à volonté son avant-fossé et celui de la lunette r.

VXT et m. Portes de la ville et de la couronne. On en voit un plan et des élévations détaillés feuille treizième.

n. Poternes de sorties du corps de la place pour communiquer aux dehors. (*Voyez* les détails feuille 9.)

On remarquera dans les bastions G , H , C , D et b , dans la demi-lune M , ainsi que dans les lunettes S , R , Q et r , que nous y avons figuré des traverses , parce qu'en pliant au terrain le relief de ces ouvrages , il deviendra peut-être indispensable, du moins pour quelques-uns, d'y élever des traverses pour préserver des vues de revers les parties qui s'y trouveront inévitablement exposées ; mais on aura grand soin de disposer ces traverses de manière qu'elles n'embarrassent jamais l'angle flanqué de l'ouvrage , parce qu'elles le priveraient de son action toujours essentielle à ménager.

y. Ecluse de chasse intermédiaire aux écluses Y et Z.

La cote 116 écrite plusieurs fois sur les bords de l'inondation étant uniformément la même sur toute la surface de ces eaux retenues , on connaîtra leur profondeur sur la plaine par les comparaisons de cette cote 116 avec celles de la surface de cette plaine.

MÉZIÈRES.

ÉCOLE DU GÉNIE.

PREMIÈRE PARTIE.

Exercice sur le tracé, le relief et la construction des fortifications.

—

FEUILLE 2.

Tracé de la couronne qui couvre le pont éclusé sur la rivière.

NOTES INSTRUCTIVES.

—

Tracé de la couronne.

Les deux fronts de cette couronne sont deux côtés d'un hexagone dont le centre est au point A.

On a donné aux deux fronts de cette couronne 180 toises de côté extérieur, et 30 toises de perpendiculaire, après avoir pris 52 toises pour la longueur des faces des bastions, on a fait les flancs perpendiculaires aux lignes de défense.

On trouvera ci-après un tableau qui donne le moyen de déterminer par le calcul les angles et les diverses parties de ces fronts.

L'angle flanqué de l'un et de l'autre des deux demi-bastions d'une couronne ainsi disposée, pouvant varier à mesure qu'il est nécessaire de resserrer ou d'évaser sa gorge par le tracé de ses deux branches, il ne s'agit que de fixer la longueur B V de chaque branche, de mesurer V A et de calculer le triangle V A B.

Dans le cas présent, la longueur B V est de 111 toises, celle V A est de 130 toises, et le côté A B est de 180 toises et rayon du polygone dont B C est un côté.

Les lunettes destinées à flanquer les branches de la couronne et à couvrir les écluses peuvent éprouver des variations semblables dans leurs angles flanqués.

Le saillant T de la lunette est porté à 120 toises de celui C du bastion, et pourrait, s'il

en était besoin, être porté plus loin jusqu'à ce
que son ouverture ne fût plus que de 60 degrés; mais il faudrait toujours tirer ses lignes
de défense des angles flanqués a et a des deux
demi-lunes collatérales, à moins que quelques
circonstances du terrain ne rendissent impraticable cette direction.

Pour tracer le réduit de places d'armes rentrantes du chemin couvert, on prend deux
points d et f à 17 toises de a. Par ces deux
points et par les points s et k, pris chacun à
une distance du parapet du glacis telle que,
de son logement, l'ennemi ne puisse en-
filer les faces du réduit, on dirigera la crête
intérieure dg et fg du parapet de ce réduit.
Enfin on fera les petits flancs lm et on chacun
de 4 toises et perpendiculaires aux demi-gorges de ce réduit. Les lignes ponctuées pm et
qo indiquent la partie de la gorge qui reste en
prise aux vues de l'ennemi.

Pour construire un cavalier retranché au
centre d'un bastion, il faut du point n pris à
20 toises de distance, perpendiculairement

aux faces de ce bastion, mener parallèlement à ces faces celles du cavalier, les terminer en l et x à 15 toises de distance des flancs du bastion. Par ces points et parallèlement aux flancs du bastion on trace ceux du cavalier, qu'on termine en r et t par la ligne SH, tirée d'un angle flanquant du bastion à l'autre.

Les coupures sont composées de deux parties, la première est en prolongement des faces des demi-lunes, la seconde est rentrante et formée par une perpendiculaire aux faces du cavalier menée à 6 toises des intersections m et p. Les épaules de ces coupures sont fixées par les intersections que forment avec ces coupures les lignes q n et z n.

Application aux autres fronts de la place donnée feuille première.

Le tracé d'un des fronts de cette couronne servira de modèle pour tracer tel autre qu'on voudra des fronts CD, DE, EF, FG et GH de la place donnée feuille première, quoique le front CD, par exemple, ait son côté extérieur de 6 toises plus long que les autres, on tracera toutes ses parties dans le rapport de cette différence; on observera de plus que la face gauche de la lunette r, feuille première, doit être en prolongement de celle du bastion C, et que sa face droite doit être dirigée sur l'angle flanqué de la demi-lune M, de manière qu'elle fasse un angle droit avec la face gauche de cette demi-lune.

Quant aux fronts GH, FG, EF et DE, leur tracé ne diffère que par une longueur de 5 toises de moins à leur perpendiculaire qu'à celle des autres fronts.

La lunette cotée S du front GH doit avoir son angle flanqué à 70 toises du côté extérieur GH, et ses faces doivent être dirigées à 24 toises des épaules des deux bastions G et H, afin qu'elle puisse couvrir l'écluse Y, et flanquer, par sa gauche, la lunette R dont l'angle flanqué sera porté à 150 toises de celui du bastion H, et la face gauche dirigée sur le saillant de la demi-lune N, feuille première.

TABLE

où sont indiqués les triangles à calculer pour trouver les longueurs des lignes et les ouvertures des angles formés par ce tracé.

QUANTITÉS DONNÉES.

Lignes.	Angles.
BC = 180 toises.	BDE = 90 degrés.
BD = 90.	CBA = 60.
DE = 3o.	CAB = 60.
BF = 52.	BCA = 60.
KF = 10.	OPQ = 90.
BL = 15.	
DM = 13.	

(Voyez le Tableau ci-après.)

Triangles à calculer.	COTÉS connus.	ANGLES connus.	COTÉS à connaître.	ANGLES à connaître.
BDE.....	$\begin{cases} BB = 90\ t......\\ DE = 30\ t.....,\end{cases}$	$D = 90\ t......$	$BE = ...$	$\begin{cases} B =\\ E =\end{cases}$
FGE......	$FE = TP......$	$\begin{cases} E = TP........\\ G = 90\ t......\end{cases}$	$\begin{cases} FG = ...\\ GE = ...\end{cases}$	$\}\,F =$
FGH....	$\begin{cases} FH = TP......\\ FG = TP.......\end{cases}$	$\begin{cases} F = TP.........\\ H = DBE......\end{cases}$	$GH = ...$	$G =$
IKE......	$\begin{cases} EI = EB........\\ EK = ...\\ FI = ...\end{cases}$	$E = ...$	$KI = ...$	$\begin{cases} K =\\ I =\end{cases}$
NDI......	$DI = ...$	$\begin{cases} D = 90\ t......\\ I = TP.........\end{cases}$	$\begin{cases} IN = ...\\ DN = ...\end{cases}$	$\}\,N =$
NDM....	$\begin{cases} ND = TP.....\\ DM = 13\ t....\end{cases}$	$D = 90\ t.......$	$NM = ...$	$\begin{cases} N =\\ M =\end{cases}$
a c b.....	$ab = 14\ t......$	$\begin{cases} b = 90\ t........\\ c = ...\end{cases}$	$\begin{cases} c\ a = ...\\ c\ b = ...\end{cases}$	$\}\,a =$
C f e.....	$\begin{cases} c\ f = 90\ t......\\ f\ e = 4\ t.........\end{cases}$	$f = 90\ t.........$	$C\ e = ...$	$\begin{cases} e =\\ C =\end{cases}$
d a e.....	$a\ e = ...,$	$\begin{cases} a = ...\\ e = ...\end{cases}$	$\begin{cases} d\ a = ...\\ d\ e = ...\end{cases}$	$\}\,d =$
d g h.....	$\begin{cases} d\ g = ...\\ d\ h = ...\end{cases}$	$d = ...$	$h\ g = ...$	$\begin{cases} g =\\ h =\end{cases}$
C k i......	$c\ i = 42\ t......$	$\begin{cases} C = ...\\ C\ i\ k = EKI..\end{cases}$	$\begin{cases} C\ k = ...\\ k\ i = ...\end{cases}$	$\}\,k =$
n k m semblable à C k i.				

NOTA. Ces deux caractères, TP, qui correspondent à quelques-unes des égalités dont la deuxième et troisième colonne de cette Table sont composées; telles, par exemple, que FE $= TP$ dans la deuxième colonne, ou E $= TP$ dans la troisième colonne; ces deux caractères, dis-je, signifient que ce côté FE ou cet angle E sont connus par le *triangle précédemment* calculé.

MEZIÈRES.

ÉCOLE DU GÉNIE.

PREMIÈRE PARTIE.

Exercice sur le tracé, le relief et la construction des fortifications.

FEUILLE 3.

Profils primitifs des hauteurs et des épaisseurs qu'aura le relief de chaque ouvrage d'un front quelconque de la place donnée feuille première, au-dessus du plan de site réglé de ce front.

AVERTISSEMENT.

On sait qu'à raison du commandement que les ouvrages d'un front de fortification doivent avoir les uns sur les autres, chaque ouvrage extérieur a son plan de défilement particulier toujours parallèle et plus ou moins soumis à celui du corps de place.

La profondeur des grands fossés n'est point fixée dans ces profils parce qu'elle doit être déterminée par le calcul qu'on fera du relief de cette fortification sur la feuille quatrième et les deux feuilles suivantes. Quel que soit celui des fronts (de la place figurée feuille première) dont on voudra faire le détail, on pourra tirer des profils primitifs toutes les proportions qu'il conviendra de donner à ces fronts.

On a réglé ici le talus des revêtemens au sixième de leur hauteur, selon l'usage généralement suivi à cet égard depuis M. le maréchal de Vauban. Cependant cet usage change aujourd'hui, surtout pour les revêtemens en briques, auxquels on ne donne pour talus que le huitième de leur hauteur, avec d'autant plus de raison, que c'est obvier davantage aux fréquens écorchemens qui se font à ces revêtemens ; mais aussi en diminuant leur talus il faut augmenter leur épaisseur au sommet, de manière que l'épaisseur moyenne, sur une hauteur donnée, soit la même que dans le profil général prescrit par M. de Vauban, d'après une infinité d'expériences réitérées qui font sur cet objet la règle la plus sûre.

MÉZIÈRES.

ÉCOLE DU GÉNIE.

— ❦ —

PREMIÉRE PARTIE.

Exercice sur le tracé, le relief et la construction des fortifications.

—

FEUILLE 4.

*Plan du front droit de la couronne (feuille
première), pour servir à déterminer le
défilement d'un front quelconque, et la
longueur des plans de pente de ses glacis.*

— ❦ —

AVERTISSEMENT.

Quel que soit celui des fronts qu'on aura
choisi parmi ceux cotés CB, BA, AI, IH,
ab et ac de la place donnée, feuille première,
quand on aura vu quel doit être le plan de site
de ce front, on établira le plan de défilement

du corps de place par trois cotes prises chacune à 18 pieds au-dessus de ce plan de site sur les angles flanqués des deux demi-bastions du front, et sur un point de la capitale de sa demi-lune, qu'on aura cherché dans le plan de site feuille première, par exemple, à l'intersection de cette capitale avec l'hypothénuse du triangle de site, ou de toute autre ligne appartenant à ce plan. Après quoi, suivant les méthodes enseignées dans le Traité du défilement et dans nos Instructions, on déterminera le relief de toutes les autres parties du front projeté, en observant les commandemens réglés et cotés sur les profils primitifs, feuille troisième.

Instruction relative aux opérations à faire sur les feuilles auxquelles celle-ci servira de modèle.

Les cotes écrites ainsi (108$^{\text{pi.}}$) entre parenthèses, exprimeront le relief du terrain naturel sous le plan de comparaison. On écrira simplement et sans parenthèses, les cotes du relief de la fortification sur la crête de ses parapets et sur ses terre-pleins , à chacun des angles des ouvrages.

Les cotes des revêtemens au-dessus des fonds de fossé seront écrites en rouge à chaque angle d'escarpe et de contrescarpe , de la quantité même dont chaque revêtement sera élevé au-dessus du fond du fossé correspondant.

Dans cette figure 1 , les largeurs des parapets comprises entre la ligne rouge (cordon de l'escarpe) et la ligne noire (crête du parapet) , seront déterminées d'après les profils primitifs, feuille troisième, pour chaque ouvrage en particulier.

FIGURE 2.

Méthode pour déterminer le défilement particulier d'une branche quelconque d'ouvrage de fortification.

Aux points i, h et p sont les cotes des verticales i o, h n et p m sous le plan de comparaison ; n b est la hauteur donnée du relief sous ce même plan ; h b , la hauteur du relief sur le terrain en h; ap la même hauteur au-dessus du point p. Les distances entre les cotes i , h et p du terrain , ou entre les points c , b et a , sont connues sur le plan général, feuille première. Ainsi, à cause des triangles semblables a b d , b c g et a c r , on aura :

ab ou ad : bc ou bg : ac ou ar :: bd : cg : cr.

Si c'est le point c qui soit donné, et qu'il faille trouver le point b, on dira :

ac ou ar : ab ou ad :: c r : b d.

FIGURE 3.

Méthode pour déterminer les points où la queue des glacis doit aboutir au terrain irrégulier , sur chacune de leurs arêtes et de leurs gouttières prolongées sur ce terrain.

Les cotes en a et en b sont celles du relief déterminé de la crête du parapet de l'ouvrage, et celle du glacis qui lui est soumis. Les cotes aux points c, d, e, f et g sont toutes données sur le terrain, et écrites sur les prolongemens des arêtes et des gouttières du glacis dont cette fi-

15*

gure représente un profil. Il s'agit de trouver le point x où le plan du glacis passant par les points a et b rencontre le terrain, et de déterminer la verticale x r. Prolongeant les lignes a x et m g jusqu'à ce qu'elles se rencontrent en un point t ; les triangles semblables a h b, a m t et a k u donneront :

ah : am :: hb : mt ; et ah : ak :: hb : ku.

Ensuite menant u z parallèle à f g, les triangles semblables z t u et f u x donneront :

zt : uf :: zu : fx, ou :: tu : ux.

Enfin les triangles semblables a h b et a y x donneront :

ah : ay :: hb : yx.

FIGURE 4.

Méthode pour déterminer la hauteur à laquelle doit être élevé le sommet d'une traverse dans un ouvrage, pour préserver son intérieur d'être plongé et battu de revers des hauteurs environnantes.

Soient a k et b d les plans de défilement des faces a t et b g d'un ouvrage ; e le sommet de la hauteur la plus élevée : il s'agit d'établir une traverse en u dans le terre-plein de l'ouvrage. Du point d, élevé au-dessus de e de la quantité dont le sommet b de la face b g de l'ouvrage b g t a b s'élève au-dessus de son plan de site, on menera la ligne d y passant à deux pieds au-dessus de la face a t de cet ouvrage, pour avoir à l'intersection x de cette ligne avec la verticale m o, dans laquelle est la traverse, le sommet x de cette traverse, qu'on déterminera en tirant des deux triangles semblables d c y et d z x, cette proportion :

$$d c : d z :: c y : z x.$$

Ainsi on aura la verticale o x et conséquemment la hauteur x u de la traverse au-dessus du terre-plein r u s de l'ouvrage.

MÉZIÈRES.

ÉCOLE DU GÉNIE.

PREMIÈRE PARTIE.

Exercice sur le tracé, le relief et la construction des fortifications.

—

FEUILLE 5.

Plan de l'ensemble des dessus et des dessous du front droit de la couronne (feuille première), cotés les uns des hauteurs de leur relief, et les autres de l'établissement de leur sol sous le plan de comparaison.

LÉGENDES ET NOTES INSTRUCTIVES.

A. Grands souterrains voûtés à l'épreuve de la bombe, pour servir de magasins, etc., en temps de siége.

B. Corps-de-garde et magasins souterrains aux deux côtés des poternes sous les courtines.

C. Souterrains voûtés à l'épreuve, sous les faces de quelques bastions, pour servir de magasins et d'asile aux troupes en temps de siége.

D. Galeries d'écoute derrière les faces des cavaliers et des retranchemens de plusieurs bastions, ainsi que derrière les faces des demi-lunes et de plusieurs des lunettes avancées comme celle cotée g.

E. Poternes de sortie et de communication du corps de place et des ouvrages détachés.

F. Caveaux aux poudres voûtés à l'épreuve, dans chaque ouvrage à côté des poternes.

G. Arceaux voûtés à l'épreuve et à face ouverte, dans les flancs des demi-lunes, pour placer dans chacun deux obusiers destinés à ricocher dans les logemens de l'assiégeant établi sur la crête du glacis qui se trouve sur la direction de ces feux.

H. Galeries majeures adossées aux contre-escarpes.

K. Galerie de communication souterraine, conduisant du grand fossé de la place à la lunette avancée sur la capitale du bastion coté a, ou d'autres bastions semblables.

L. Traverse souterraine pour la défense de l'intérieur de cette galerie.

M. Casemates voûtées à l'épreuve, contenant chacune une ou deux pièces de canon, pour la défense du fossé de la même lunette avancée.

Nota. Tous ces souterrains se trouvent détaillés et cotés de leurs proportions dans les feuilles 7, 8 et 9 de cet exercice.

Cette feuille cinquième dans laquelle sont représentées par moitié, la distribution des dessous et la vue des dessus du même front droit de la couronne déjà produit feuilles 2 et 4, servira de modèle pour le dessin semblable de tout front quelconque de la place donnée feuille première.

On écrira à chaque angle des ouvrages les cotes du relief qu'on aura déterminées feuille 4, et l'on y ajoutera celles des terre-pleins et remparts, en les baissant chacune au-dessous des parapets, des quantités désignées et cotées sur les profils primitifs desdits ouvrages donnés feuille troisième.

Pour établir le sol des souterrains, dont on exprimera aussi les positions par des cotes correspondantes au même plan de comparaison, on observera : 1° que le sol des grands souterrains soit au moins d'un pied au-dessus de la surface des plus hautes eaux à manœuvrer dans le grand fossé pour sa défense, et qui y seront pour cet effet élevées à 10 pieds. 2° Que ces souterrains, tels que ceux figures 1 et 2 n'aient pas moins de 11 à 12 pieds, ni plus de 18 pieds sous la clef de leurs voûtes, et qu'entre l'intrados de cette clef et la surface supérieure du terrain qui la couvrira, il se trouve au moins 6 ou 7 pieds d'épaisseur, tant de maçonnerie que de terre. Les largeurs de ces grands souterrains sont de 28 pieds, parce qu'elles conviennent ainsi à celui de tous les usages qu'on peut en faire, qui exige le plus d'espace ; c'est-à-dire pour y déposer en temps de siége des malades et des blessés ; bien entendu que ce ne sera pas sur les côtés de la place qui seront attaqués. Les épaisseurs des pied-droits de ces souterrains sont cotées sur cette feuille-ci ;

l'on pourra consulter pour les détails les feuilles 7, 8 et 9 où ils sont plus en grand.

On remarquera que, suivant les cotes du relief du demi-bastion b, les grands souterrains, figure 1, placés sous les faces de ce demi-bastion, auront moins de onze pieds de hauteur sous clef, ou moins de 6 pieds d'épaisseur depuis l'intrados de cette clef, jusqu'à la surface du rempart. Dans ce cas, il y aura deux partis à prendre : l'un de diminuer de beaucoup et de réduire par exemple à 16 ou 18 pieds la largeur de ces souterrains en leur donnant une destination moins générale; par ce moyen on pourra mettre à 9 pieds leur hauteur sous clef et en faire un plus grand nombre sous chaque face ; l'autre parti sera de ne faire aucun souterrain dans ce demi-bastion, et de le rendre susceptible d'être retranché intérieurement, de la manière représentée figure 2, feuille 4 de la deuxième partie de cet exercice. 3° Que le sol des galeries adossées aux revêtemens du corps de place, ainsi qu'à ceux des demi-lunes et de leurs contre-gardes, ne soit pas plus bas que la surface des mêmes hautes eaux du grand fossé : le sol des souterrains et arceaux voûtés sous les flancs des demi-lunes sera au moins d'un pied au-dessus des mêmes eaux et davantage à mesure que le terre-plein ou pavé de la place sera plus élevé au-dessus de ces mêmes eaux.

Quant aux hauteurs sous clef des poternes des figures 1, 2, 3, 4, 6, 7, 8 et 9, et de toutes autres semblables, on les trouvera dans les détails (feuille neuvième) ainsi que leurs largeurs. On consultera de même les feuilles septième et huitième pour les largeurs de toutes les galeries et les épaisseurs de leurs pied-droits.

Le sol de la galerie majeure adossée à la grande contrescarpe, et celui des rameaux de contre-mines les plus enfoncés qui tiendront à cette galerie, seront tenus de 2 pieds ou 18 pouces plus bas que la surface des plus hautes eaux du grand fossé.

Le fond de celui des contre-gardes des demi-lunes sera de 6 pieds plus bas que le sol de cette galerie. Le fond du fossé des réduits des places d'armes rentrantes sera constamment de 8 pieds au-dessous du terre-plein de ces places d'armes.

Les largeurs des rampes des remparts du corps de place et de tous les autres ouvrages étant sur chaque front les mêmes que celles qui sont cotées dans cette feuille cinquième, il ne s'agira que de déterminer leur longueur qui doit être égale à six fois la hauteur verticale du rempart au-dessus du terre-plein de l'ouvrage, à l'endroit où l'on pratiquera la rampe.

Tout escalier de communication aura 5 pieds de large et sera composé d'autant de marches de 10 pouces de giron chacune qu'il y aura de fois 7 pouces à monter ou à descendre par cet escalier.

On trouvera sur la feuille huitième la construction des réduits ou cœurs de pierre qui occupent les places d'armes saillantes des demi-lunes. L'on dessinera les dessous de toute lunette semblable à celle cotée g, figures 12, 13 et 14, sur les proportions de leurs plans détaillés dans la feuille huitième.

MÉZIÈRES.

ÉCOLE DU GÉNIE.

PREMIÈRE PARTIE.

Exercice sur le tracé, le relief et la construction des fortifications.

FEUILLE 6.

Plan du front droit de la couronne pour la distribution des ateliers, et pour la répartition des terres des déblais aux remblais.

LÉGENDE INSTRUCTIVE.

Le même front droit de la couronne donnée dans les deux feuilles précédentes, servira dans celle-ci de modèle pour la distribution des terres, et pour l'expression de leur portée moyenne, dans tout front de fortification quelconque dont on aura réglé le relief, et calculé les déblais et les remblais.

Les ateliers sont, comme il est dit page 36 de l'Instruction, espacés de 3 en 3 toises de largeur chacun, sur la surface du terrain à déblayer.

Les centres de gravité des déblais et ceux des remblais, sont désignés chacun par un large point noir.

Chaque trace indiquée par un ponctué ou par une couleur particulière, exprime le transport moyen des terres d'une partie du déblai à une partie du remblai correspondante, de l'un à l'autre de leurs centres de gravité.

Comme on suppose que chaque partie du déblai est partagée en tranches de 5 ou 6 pieds chacune d'épaisseur prise sur la profondeur de l'excavation, on désignera par des couleurs distinctives les traces ponctuées qui exprimeront le transport de ces différentes tranches, savoir : par une couleur verte la trace de la première tranche tenant à la surface du terrain ; la trace de la seconde tranche par une couleur jaune ; celle de la troisième en couleur de terre ; celle de la quatrième en violet, etc.

A chacune de ces traces réunies, en plus ou moindre nombre, au centre de gravité du remblai auquel elles auront été dirigées, il sera écrit comme ici, auprès de ce centre de gravité, la quantité de toises cubes que chaque tranche correspondante du déblai aura dû fournir à ce remblai, suivant l'ordre même de ces tranches entre elles; toutes ces sommes de toises cubes seront ajoutées ensemble pour n'en faire qu'une seule, qui sera écrite en accolade à côté de ce centre de gravité, et sera égale au solide total de cette partie de remblai.

Puisqu'une grande partie des déblais de la gauche de ce front, sera employée aux remblais de la plus grande partie de sa droite, il est évident qu'on pourrait faire grand usage des cabriolets, pour la manœuvre de ces terres, mais il faudrait observer que les rampes sur lesquelles on les ferait rouler chargés en descendant, n'eussent pas plus de deux pouces de pente par toise sur un terrain ferme et plan, et 3 ou 4 pouces au plus sur un terrain léger et sablonneux. On remarquera aussi qu'en faisant l'excavation des fossés, il faudrait laisser dans leur milieu un noyau de terre, qui par les rampes qu'on y pratiquerait, servirait très-long-temps à faciliter la manœuvre des terres et des matériaux ; après quoi on l'enleverait pour être employé sur les glacis, etc. , aux parties de remblai auxquelles il aurait été destiné, dans la distribution générale.

Le choix pour les emplacemens des ponts de rampe aux escarpes et aux contrescarpes, se détermine par la recherche des différens endroits par lesquels la manœuvre du transport des terres et des matériaux pourra se faire plus facilement et plus commodément. Nous désignons ici un pont de rampe à chacun des points où les escarpes et les contrescarpes sont traversées par plusieurs traces ponctuées allant des déblais aux remblais.

MÉZIÈRES.

ÉCOLE DU GÉNIE.

PREMIÈRE PARTIE.

Exercice sur le tracé, le relief et la construction des fortifications.

—

FEUILLE 7.

Plans et profils des maçonneries pour les revétemens, les écluses, les déversoirs, les batardeaux, et pour les souterrains des différens fronts de la place donnée.

LÉGENDE INSTRUCTIVE.

Cette feuille septième, ainsi que la huitième qui la suit, contient les plans, les profils et élévations cotés de toutes les parties de maçonnerie en fondations, revêtemens, souterrains, écluses, déversoirs, batardeaux, etc., qui peuvent, l'un ou l'autre, avoir lieu dans la construction d'un front quelconque de la place donnée feuille première, et dont chaque lieutenant en second fera les détails sur ces modèles et sur ceux de la feuille neuvième, pour se mettre en état de faire le toisé de toutes ces maçonneries.

Nous y donnons des dessins particuliers de chacun de ceux des bastions de cette place, qui ont dans leur intérieur une disposition et distribution de souterrains particuliers, afin que chaque officier puisse y trouver les détails appartenant au front dont il sera chargé de traiter le projet.

Chaque profil moyen de revêtement, sera pris entre les deux extrémités de ce revêtement, dont les hauteurs au-dessus de leurs fondations ou des fonds des fossés, auront été précédemment cotées à chaque angle des ouvrages du front qu'on aura rapporté, feuille cinquième, l'épaisseur au sommet de chaque revêtement, et les proportions de ses contre-forts seront réglées sur les profils primitifs donnés, feuille troisième, et d'après le profil général donné dans le Traité du défilement de M. de Chastillon.

Les grands souterrains de l'intérieur des bastions et des cavaliers, doivent avoir, tant en maçonnerie qu'en terre, au moins 6 ou 7 pieds d'épaisseur, verticalement prise à la clef de leur voûte, depuis son intrados jusqu'à la surface au-dessus.

La hauteur de ces souterrains, sous leur clef, peut varier depuis 11 jusqu'à 18 ou 19 pieds, et doit être réglée entre ces deux termes sur le moins ou le plus de relief que la fortification aura au-dessus des plus hautes eaux, qui seront manœuvrées dans les fossés du corps de la place. Le sol le plus bas de tous ces souterrains (ainsi que des poternes et portes de sortie), sera d'un pied ou de 6 pouces au moins, au-dessus de ces plus hautes eaux. Celui des galeries de gorge et d'écoute de l'intérieur des bastions et des demi-lunes, sera de 6 pouces seulement au-dessus, ou bien au niveau de la surface des mêmes eaux.

Le sol de la galerie majeure adossée à la

grande contrescarpe, sera tenu de 18 pouces ou 2 pieds plus bas que la surface des mêmes eaux, afin qu'on puisse en rendre le séjour impraticable à l'assiégeant, quand l'assiégé aura été forcé de la lui abandonner, excepté sur les fronts, tels que ceux A B et A I, feuille première, ou parties du grand fossé, et ceux des contre-gardes des demi-lunes, seront de plusieurs pieds au-dessus de la surface de ces eaux, comme on l'a insinué pages 26 et 27 de l'Instruction.

Les largeurs des souterrains et leur disposition dans tel bastion que ce soit, semblable à l'un de ceux représentés ici figures 1, 4, 11, 18 et 21, seront exactement les mêmes que celles que nous avons cotées dans ces figures respectivement, et les profils et élévations annexés à chacune de leurs parties, ne différeront des nôtres que par les hauteurs du relief de la fortification, qu'on aura déterminées précédemment dans les feuilles quatrième et cinquième, différentes des hauteurs cotées dans nos modèles de cette feuille-ci.

A toutes les parties consistantes en pied-droits de voûtes ou d'autres murs, etc., que nous indiquons ici, fondées sur arceaux en décharges, nous supposons que les piles sur lesquelles ces arceaux sont établis, posent sur un fond de gravier, tuf ou de roc le plus solide. Chaque officier pourra supposer différentes natures de fonds, pour varier ces fondations, les unes ainsi sur arceaux, les autres sur racineaux, d'autres sur de simples grillages, d'autres sur pilotis simples, ou avec grillages et plancher, etc., en recherchant sur ces différens cas, ce que M. Bélidor, a rapporté dans son Architecture hydraulique, et dans son livre intitulé la Science des ingénieurs.

On trouvera aussi dans la même Architecture hydraulique, sur la construction des écluses propres à la défense des places, ainsi que sur les batardeaux, déversoirs, etc., des détails assez étendus, pour qu'il n'eût pas été surabondant de donner ici, à cet égard, autre chose qu'une disposition générale par plans, élévations et profils pris au-dessus des fondations de ceux de nos batardeaux, déversoirs et écluses, dont les situations différentes leur donnent quelques particularités sur ceux des ouvrages de cette espèce qui s'exécutent ordinairement. On y trouvera pareillement des vannes, poutrelles, portes tournantes, etc., quelle que soit celle de ces différentes façons dont on veuille manœuvrer ces écluses. De même, un pont éclusé tel que celui coté AA, feuille première, pour former inondation sur un des côtés de la place, etc.

Les deux demi-bastions, figures 1 et 4, liés par leur courtine, avec leur tenaille, forment le corps de place d'un front, qui, par son tracé et par la distribution de son intérieur, est semblable à chacun des fronts cotés AB, BC et AI, dans le plan général et à chacun des fronts de la couronne; ainsi il servira de modèle pour les détails pareils dans chacun de ces fronts respectivement.

Dans les détails du front CD, l'intérieur du bastion C, est semblable à celui du bastion, figure 4. L'intérieur du bastion D (surtout par rapport à l'écluse Z), sera traité comme dans les figures 21, 22, 23 et 24; dans les détails du front **GH**, l'intérieur du bastion **G**, sera le même que représentent nos figures 12, 13, 14 et 15, et leurs accessoires 16 et 17 ; celui du bastion **H**, sera le même que nous donnons dans les figures 18, 19 et 20. L'écluse **Y**, sera traitée dans les mêmes proportions qu'en nos figures 8, 9, 10 et 11. Enfin, le déversoir **BB** et son batardeau attenant, seront construits dans les mêmes proportions qu'aux figures 6 et 7.

MÉZIÈRES.

ÉCOLE DU GÉNIE.

PREMIÈRE PARTIE.

Exercice sur le tracé, le relief et la construction des fortifications.

FEUILLE 8.

*Suite des plans et profils de la feuille sep-
tième, pour les maçonneries des ouvrages
extérieurs, ainsi que de ceux enveloppés
par la grande contrescarpe.*

NOTES RELATIVES AUX FIGURES DE CETTE FEUILLE.

Plans, profils moyens, coupes et élévations
des maçonneries des ouvrages extérieurs d'un
front de la place donnée feuille première, pour
compléter la suite des détails connus dans la
feuille septième.

Les galeries d'écoute cotées E, adossées

aux escarpes de la demi-lune, figure 1, et de la lunette figure 22, doivent être au niveau des plus hautes eaux mises dans les fossés de la place ; l'une et l'autre, ainsi que les écoutes cotées F, percées dans les mêmes escarpes, sont représentées plus sensiblement dans les figures détachées 28 et 29, faites sur l'échelle de trois lignes, pour une toise.

Les souterrains voûtés à l'épreuve, sous le flanc de la demi-lune, et côtés A, B, C et D, figures 1, 3, 4 et 5, auront leurs pied-droits portés sur arceaux tendus de l'une à l'autre des piles de maçonnerie qui seront disposées à cet effet, et fondées aussi bas qu'il sera supposé nécessaire pour trouver le fond solide et tel qu'il a été dit feuille septième, pour toute maçonnerie quelconque à établir de cette manière ; mais, pour jeter plus de variété dans les dessins et dans les toisés, nous réglerons ici les profils de maçonnerie de la lunette figure 22, sur la supposition que le terrain ferme et propre aux fondations, s'y trouve à peu de profondeur. On fait aussi la même supposition à l'égard de l'escarpe et de la contrescarpe, figure 6 de la demi-lune. Chacun, au reste, pourra varier à son gré ces suppositions dans cet exercice, en observant seulement de les concilier avec la vraisemblance.

La galerie majeure adossée à la gorge crénelée de cette contre-garde et profilée figure 7, sera établie au niveau, ou de six pouces au-dessus du fond du fossé de la demi-lune. La partie figure 9 de l'épaule gauche de la même contre-garde, est sur une même échelle que son profil figure 10, pour rendre plus sensibles la disposition et les proportions de son revêtement.

La communication souterraine, dirigée suivant la capitale du bastion, pour conduire à la lunette figure 22, est pareillement assez exprimée par le plan et par les coupes, figures 24 et 25, ainsi que la traverse figure 21, que nous avons placée un peu en avant de l'entrée de cette communication, et que nous avons copiée sur celles qui existent dans plusieurs des communications semblables du fort Saint-Philippe de Mahon, à ses ouvrages extérieurs.

Nous avons ici pour objet, à cet égard, de

de faire voir que cet obstacle, tout considérable qu'il est , n'a peut-être pas une efficacité
proportionnée à la dépense que coûte sa construction, et que de simples tambours que
nous sommes dans l'usage de pratiquer de distance en distance, dans ces sortes de communications, comme ici celui coté **M**, et que
nous fermons au besoin , par des battans cré-
nelés et à verroux, produisent un effet à très-
peu près équivalent.

On a vu, dans la feuille cinquième, la destina·
tion de deux casemates, représentées ici au plan
figure 22 et aux profils figures 37 et 38; la galerie majeure derrière la contrescarpe en face
du bastion , est ici ponctuée et supposée fondée sur arceaux tendus de l'un à l'autre des
contre-forts de butée, liés à cette contrescarpe,
comme on le remarque par le plan et par son
profil moyen , figure 20.

Le revêtement de l'épaule gauche du réduit,
figure 11 , de places d'armes rentrantes, étant
assez directement exposé au canon de l'ennemi établi sur la crête du glacis du bastion ,

il ne serait pas sûr d'adosser au revêtement
de ce profil la poterne de sortie cotée G , ainsi
elle en sera détachée, et ses pied-droits portés
sur arceaux tendus de l'un à l'autre des deux
contre-forts de butée, liés à ce revêtement,
mais la communication ou sortie de ce réduit,
du côté de la demi-lune, n'étant pas sujette à
pareil inconvénient, peut être adossée au
revêtement de son profil, et même former la
galerie le long de sa demi-gorge.

L'élévation figure 15 , du même réduit, ainsi
que celles qu'on voit par parties dans plusieurs
figures de la feuille septième, suffisent pour
donner l'intelligence de toute représentation
semblable qu'on voudra faire de l'intérieur ou
de l'extérieur d'un ouvrage quelconque.

Le détail des figures 17, 18 et 19 du réduit
de places d'armes saillantes devant la demi-
lune , indique suffisamment tout ce qui pourra
être nécessaire de rechercher plus particulièrement pour apprécier la dépense de la construction de cet ouvrage.

Les détails des figures 23 , 24 , 25 , 26 , 27 ,

3o, 31, 32, 33, 34, 35, 36, 37 et 38, relatives
au plan figure 22 de la lunette, semblables à
celles cotées P, Q et g, feuille première, indiquent pareillement assez tout ce qui sera besoin
de rechercher plus amplement, pour apprécier
les dépenses de la construction de cet ouvrage.
Nous avons seulement observé de rendre plus
sensible par les figures 32, 33, 34, 35 et 36,
séparées, les proportions des deux différentes
galeries crénelées que nous avons adossées,
l'une à la contrescarpe de la face de la lunette,
l'autre à la contrescarpe de sa gorge, pour
faire voir, par leur comparaison, que notre
galerie simple, telle qu'elle existe dans plusieurs places, est beaucoup moins chère que
celle de Berg-op-Zoom, et a la même efficacité (*a*).

Dans la figure 31, on voit en LL des cou-
lisses dans lesquelles nous glissons, au besoin,
six ou sept poutrelles l'une sur l'autre, pour
faire, sur la largeur de notre galerie, une tra-

(*a*) Voyez sur cet objet le Mémoire de d'Arçon, imprimé en 1792,
sur les lunettes à feu de revers et à contre-mines. (*Note de l'Edit.*)

verse de quatre pieds six pouces de hauteur par dessus laquelle nous faisons le coup de fusil sur l'ennemi lorsqu'il pénètre dans cette partie de la galerie, après en avoir percé le pied-droit.

La lettre H, figure 34, indique une traverse de maçonnerie percée de deux créneaux, entre laquelle et le dos de la contrescarpe, l'espace K se ferme par un battant à verroux de l'un et de l'autre sens.

MÉZIÈRES.

ÉCOLE DU GÉNIE.

PREMIÈRE PARTIE.

Exercice sur le tracé, le relief et la construction des fortifications.

FEUILLE 9.

Plans, coupes et élévations de plusieurs parties de souterrains, poternes, etc., détaillées pour servir à l'intelligence de la construction, de la manière de la diriger, et à faire l'avant-toisé des paremens vus de la pierre de taille.

NOTES INSTRUCTIVES.

On se dirigera sur les figures qui composent cette feuille neuvième, pour détailler l'appareil et la construction de chaque partie qu'on voudra des maçonneries dont nous n'avons donné que des plans généraux avec des profils moyens, dans les deux feuilles précédentes à celle-ci.

Quoique ces figures ne soient pas, à beaucoup près, en aussi grand nombre qu'il le faudrait pour satisfaire à tous les cas qui peuvent se présenter dans la discussion de ces sortes de détails, elles en offriront cependant assez pour qu'on puisse, de soi-même, résoudre tous ceux de ce genre qui seront amenés par des circonstances particulières, au projet dont on sera chargé.

La plupart de ces détails, ainsi que plusieurs de ceux de nos feuilles septième, huitième, dixième et onzième, sont pris et imités sur les dessins relatifs au Mémoire que feu M. de Cormontaingne a laissé sur l'art des fortifications, et qui renferment, dans la plus grande étendue, l'un des meilleurs systèmes qu'il soit possible de donner sur cette partie de la guerre.

Les figures 1, 2, 3, 4, 5 (1) et 6, serviront

______

(1) Les équarrissages des pièces qui composent la

aussi de modèle pour des poternes de largeurs et
hauteurs différentes de celles-ci, et telles que
celles des demi-lunes, de leurs contre-gardes,
des réduits, des lunettes, etc., car rien ne
s'oppose à ce que leurs entrées et sorties soient
respectivement décorées les unes comme les
autres, c'est-à-dire comme aux figures 2, 7 et
15, pour l'intérieur des ouvrages, et comme
aux figures 3 et 14 pour l'extérieur. En temps
de paix, toutes les portes des poternes peuvent
varier depuis quatre pieds au moins, jusqu'à
six au plus; leur hauteur ne peut être de moins
de six pieds sous clef, leur bandeau doit avoir
pour largeur, le sixième de celle de la porte.
Les longues têtes de harpes excèderont les
courtes têtes de quatre pouces, aux bandeaux

---

porte à deux battans d'assemblage en bois de chêne représentée figure 5, sont : les deux montans, 6 pouces sur
2 pouces $\frac{1}{4}$, les deux battans 5 pouces sur 2 pouces $\frac{1}{2}$,
chaque entre-toise 5 pouces sur 1 pouce $\frac{1}{4}$. Le recouvrement est de madriers de 1 pouce 3 lignes d'épaisseur.
Cette figure doit suffire pour faire entendre comment se
fait l'assemblage d'une porte de poterne quelconque, soit
à deux vantaux soit à un seul.

des petites portes, et de six pouces aux grandes ; les courtes têtes excèderont ce bandeau des mêmes quantités respectivement. On comptera un pied de hauteur pour chaque assise réglée de pierres de taille, et par chacune deux assises de moellons de six pouces, ou une assise de cinq pouces, et l'autre de sept pouces.

D'après la construction des plan, élévation et profil de l'abat-jour, figures 7, 9 et 10, pour le grand souterrain, sous le flanc du cavalier (même figure 7), on sera en état de faire l'épure de son appareil. On a vu feuilles cinquième et septième, que chaque souterrain semblable a trois abat-jours pareils à celui-ci, et au-dessus de son entrée, comme celui coté A, figures 7, 8 et 11. Tous les abat-jours des souterrains qui sont sous les cavaliers des bastions D, G et H, détaillés feuille septième, seront construits semblablement à ceux dont on vient de parler.

On fera sur l'échelle de 6 ou 8 lignes pour pied l'épure entière de la porte biaise de sortie du réduit projetée au plan figure 12, et l'arrière-voussure en dedans de cette porte.

Dans chacune des élévations des portes, figures 2 , 3 , 7 , 14 et 15, on remarquera que nous en donnons une moitié vue extérieurement et en face, et l'autre moitié vue intérieurement et considérée comme une coupe prise perpendiculairement sur la moitié de la largeur de la poterne; par ce moyen, les dessins sont moins multipliés et portent la même instruction.

MÉZIÈRES.

ÉCOLE DU GÉNIE.

— ◦◦◦ —

PREMIÈRE PARTIE.

Exercice sur le tracé, le relief et la construction des fortifications.

—

FEUILLE 10.

Dessins et méthodes pour régler les revête-mens des angles en pierres de taille et en toiser le parement vu. Plans et élévations d'escaliers ou pas de souris pour la disposition et le toisé des marches de pierres de taille.

— ◦◦◦ —

NOTES RELATIVES AUX FIGURES DE CETTE FEUILLE.

L'inspection seule des figures 1, 2, 3, 4 et 5, suffit pour faire comprendre la manière de développer le parement vu des pierres de taille dont on a coutume de renforcer et de parer la maçonnerie à tout angle saillant des revêtemens de la fortification ; mais quand on aura connu l'effet de ces cinq figures ensemble, on pourra se contenter d'en faire, pour chaque angle de cette espèce, une seule telle que la figure 1, parce qu'on peut y rassembler tout ce qu'il faut pour déterminer et toiser le parement vu de toute la pierre de taille dont cet angle sera revêtu : car la hauteur verticale du revêtement se projette au point a, son talus se représente par a c, qui est le sixième de cette hauteur ; o a p est l'ouverture connue de l'angle revêtu ; conséquemment les angles o a b et p a b sont égaux, et leurs complémens sont connus ; ainsi le calcul du triangle rectangle a c b donnera la valeur de son hypothénuse a b qui est la projection de l'arête du revêtement de ce saillant ; ensuite ayant fixé au sommet de ce revêtement, et autour de l'angle, les longueurs a d, a m, a f et a n, des grandes et petites harpes, puis descendu d g, m k, f h et n l, toujours perpendiculaires à b q et à b r, et après avoir partagé par leur milieu u t et x y, les parallélogrammes g m et h n, qui comprennent les différences des grandes aux petites harpes, on prendra entre b t et a u , et entre b y et a x, les moyennes proportionnelles e z et e s, qui multipliées tour à tour par la longueur réelle du talus du mur, dont la ligne a c est la projection au plan horizontal, donneront la surface cherchée du parement vu.

On remarquera par le tracé en gros traits dans la figure 1, que plus cet angle saillant est aigu, plus il faut augmenter la longueur des faces des harpes au sommet du revêtement, pour qu'elles puissent avoir plus de queue, et que le solide de l'angle en acquière d'autant plus de consistance ; dans les angles obtus, au contraire, on pourra diminuer de beaucoup la longueur des faces de ces harpes, c'est-à-dire qu'on peut réduire à 2 pieds la face de la petite au sommet du revêtement, et même à 18 pouces ou 1 pied lorsque ce revêtement n'est pas surmonté d'un parapet ; on peut aussi leur donner moins de longueur lorsque l'angle qu'elles revêtissent n'est point, ou très-peu exposé à être battu du canon.

On sait par l'Instruction que les marches des escaliers se toisent au pied courant. Les figures 6, 7, 8 et 9 de cette feuille, ont pour objet de montrer comment on dispose ces marches, et comment l'on peut aussi, sans nuire à la solidité, y économiser de la maçonnerie, en établissant leurs platées sur arceaux que nous représentons ici figure 7 par l'arc ponctué AKB, qu'on fait passer par les trois points B, K et A, pris l'un à 4 pieds $\frac{1}{2}$ au-dessous de la tablette D, l'autre sur la perpendiculaire LK abaissée de 2 pieds vers le milieu de la ligne MN, distante de 15 pouces parallèlement à la ligne de rampe OD de l'escalier, et le troisième à l'intersection A de la verticale OA, avec l'horizontale AP, qui représente le pied du revêtement. On peut aussi, lorsque le contre-mur CD n'a point de galerie adossée comme celle aux figures 8 et 9, étendre cet arceau AKB figure 7, sous ce contre-mur CD, en le butant à un contre-fort EFGH, figure 6, de répaississement qu'on ajoute dans cette partie.

MEZIÈRES.

ÉCOLE DU GÉNIE.

PREMIÈRE PARTIE.

Exercice sur le tracé, le relief et la construction des fortifications.

FEUILLE 11.

Plans, élévations et profils de quelques parties de chemin couvert avec son palissadement, ses traverses, leurs défilés, barrières, etc.

NOTES INSTRUCTIVES.

Sur les proportions cotées du tracé et du relief des traverses et de leurs profils, représentés figures 1, 2, 3, 4, 5 et 6, on peut régler et toiser la construction d'une traverse de l'une ou de l'autre de ces trois sortes.

On remarquera dans la figure 2 que le petit triangle rectangle *a b c* absorbe par l'inclinaison de son hypothénuse *b c*, crête du crochet de la traverse, un petit ressaut *a c*, dont nous supposons que la face de la place d'armes rentrante s'est trouvée plus haute que la branche du chemin couvert au point d, où ces deux lignes se coupent figure 1, dans laquelle f h est la projection *b c* figure 2 ; mais si ce ressaut était de plus de 18 pouces, il faudrait l'absorber dans le développement entier e f h, de la crête du défilé de la traverse, figure 1, alors on ferait la verticale *g k*, fig. 2, de plus de 7 pieds, afin d'être couvert en cet endroit par le crochet f h, figure 1, ou *b c*, figure 2. *Voy*. page 21 de notre Instruction, ce que nous disons sur ces ressauts.

On suppose que la traverse de place d'armes saillante, figures 4 et 5, a ses deux profils et son parapet intérieur, revêtus en gazons ou en fascines, et son talus extérieur en terre simplement. On laisse 6 pieds de passage entre le sommet de la contrescarpe et le pied de cette traverse, parce que le défilé qui, dans une attaque vive, est bientôt comblé de blessés et de morts, ne saurait seul suffire pour la retraite de l'assiégé assailli dans cette place d'armes; on peut couvrir le passage figure 4, par un tambour qu'on élève en temps de siége, et qu'on forme avec des gabions de batteries, comme on en voit figure 13, feuille troisième de la seconde partie de cet Exercice; mais lorsqu'il y a un réduit dans la place d'armes saillante, ce tambour paraît inutile parce que le flanc du réduit en tient lieu. *Voyez* figure 17, feuille huitième, première partie, et aussi figure 10, feuille cinquième, même partie.

Par la disposition des traverses, figures 4 et 6, leur massif intercepte au ricochet la longueur et la largeur entière de la banquette du chemin couvert, au lieu que dans les crémaillères à l'ordinaire, comme on le voit feuille cinquième, ces traverses n'interceptent au ricochet que le terre-plein du chemin couvert, et y laissent en prise la longueur et la largeur entière de la banquette.

L'objet principal de ces traverses étant d'arrêter le ricochet, on pourrait, pour plus d'efficacité à cet égard, élever leur sommet de 18 pouces ou 2 pieds plus haut que la crête du glacis, et leur supprimer la banquette, comme figure 6, surtout à celles qui sont sur le milieu des branches du chemin couvert.

On remarquera, figures 2 et 5, que l'élévation de chacune des deux traverses y est exprimée par des lignes ponctuées, et que la galerie majeure adossée à la contrescarpe, figures 1 et 4, y est pareillement désignée par une ponctuation.

Ce que nous avons dit, pages 99 et suivantes de notre Instruction, au sujet des palissades, et ce qu'on en voit ici dans les figures 1, 2, 3, 4 et 5, cotées des quantités dont elles sont hors de terre et dans terre, contient à peu près tout ce qu'on peut désirer là-dessus.

La barrière de sortie , représentée figures 7,
8 et 9 , ayant toutes les pièces qui la composent cotées de leurs proportions , ainsi que la
barrière du défilé , figure 10, feuille dixième ,
on peut en faire le solivage et l'estimation.

MÉZIÈRES.

ÉCOLE DU GÉNIE.

PREMIÈRE PARTIE.

Exercice sur le tracé, le relief et la construction des fortifications.

FEUILLE 12.

Plans et profils d'un cabriolet, de deux ponts pour la manœuvre des terres, et d'un grand pont dormant pour l'entrée de la ville.

NOTES INSTRUCTIVES.

On voit à la note page 57 de la première partie de notre Instruction, la description de la manœuvre des cabriolets pour le transport des terres; les figures 1, 2 et 3, donnent le détail de la construction d'une de ces petites voitures, et l'on en trouve l'estimation page 60 de la même Instruction.

Le rampant des ponts de contrescarpes,
figures 4 et 5, ainsi que de ceux d'escarpes,
figures 6 et 7, est ici réglé sur un pied par toise
courante, comme convenable pour la manœuvre
des brouettes et des voitures autres que des
cabriolets; mais comme on attèle à la queue
l'un de l'autre trois ou quatre de ceux-ci pour
être traînés par un seul cheval attelé au cabriolet de la tête, il faut que les rampes par
où ils passeront, soient au plus sur le trente-
sixième ou le vingt-quatrième de leur longueur
pour hauteur, c'est-à-dire sur deux ou trois
pouces par toise courante, afin qu'en descendant ces rampes, les cabriolets ne roulent pas
l'un sur l'autre, comme il arriverait sur des
pentes plus rapides. Les poteaux et les guettes
qui forment les pièces principales de chaque
travée de ces ponts, sont augmentés ou dimi-
nués de grosseur, à mesure qu'ils ont plus ou
moins de hauteur. Les longerons pareillement
à mesure qu'ils ont moins de longueur de portée d'une traverse à l'autre, à mesure aussi
qu'ils sont destinés à servir plus ou moins fréquemment et de suite au passage de voitures

chargées plus ou moins pesamment. Lorsque les cabriolets roulent sur la terre, les rampes peuvent y être de plus de trois pouces par toise courante, à mesure que le sol y est plus ou moins ferme.

Les figures 8, 9, 10 jusqu'à la 15 inclusivement, comprennent les plans et profils détaillés de la construction d'un pont dormant pour les entrées de la place devant les courtines, et devant tous ceux des ouvrages détachés qui couvrent ces entrées. Cette construction est la plus généralement usitée ; mais comme elle exige un solivage considérable de charpente qui est fort chère, surtout dans les provinces où le bois est rare, et qu'il faut tous les vingt ans renouveler cette charpente, on prend désormais le parti dans plusieurs places, de construire ces ponts entièrement en arches de maçonnerie, excepté qu'on interrompt la continuité auprès de chaque porte pour y placer un pont-levis ; il ne s'agit que de renfoncer la pile à laquelle se fait cette interruption qui peut même ne pas être sur la largeur totale du pont, mais seulement former une lunette à travers l'épaisseur de la dernière arche, et les deux côtés de la lunette être taillés en cape de batardeau, ainsi que feu M. le chevalier de Chastillon l'a fait exécuter au pont du château de Bouillon, et dont on trouve le modèle dans la galerie de l'école. On substitue aussi aux appuis de maçonnerie deux lisses et sous-lisses de fer battu, assemblées dans des poteaux de fer coulé qu'on scelle par le pied dans la tablette garde-pavé de ces ponts. C'est une économie certaine, mais on pourrait objecter que ces appuis ne sauraient, comme ceux de maçonnerie et de bois, soutenir le poids d'une voiture qui viendrait à verser contre eux.

Nous ne faisons point ici mention des ponts-levis, parce qu'il en est traité à fond dans une dissertation particulière qui a été jointe aux épures de la charpente (1).

____

(1) La construction des ponts-levis ayant subi de grands changemens, nous renvoyons le lecteur aux n°s 3, 5 et 10 du Mémorial de l'officier du génie.   (*Note de l'Editeur.*)

MÉZIÈRES.

ÉCOLE DU GÉNIE.

———◆———

PREMIÈRE PARTIE.

Exercice sur le tracé, le relief et la construction des fortifications.

—

FEUILLE 13.

Plan, coupe et élévation d'une porte d'entrée de la place avec son pavillon et les détails de leurs parties principales.

———◆———

LÉGENDE.

Les bâtimens qu'on appelle militaires, et dont les projets, la construction et l'entretien font une partie du service des ingénieurs dans les places de guerre, sont ordinairement les pavillons des portes, les casernes pour l'infanterie et pour la cavalerie, les magasins de toute espèce, les hôpitaux militaires, les maisons

des gouverneurs, des commandans, des lieutenans de roi et des officiers-majors des mêmes
places, et les églises paroissiales pour leurs
garnisons.

La destination particulière de chacun de ces
bâtimens fixe le caractère d'architecture solide,
simple et mâle qu'il convient d'y employer, et
comme la plus grande économie dans les dépenses que leur construction exige se concilie
parfaitement avec les règles du bon goût en ce
genre, il serait à désirer que chaque aspirant
pour l'École du génie, avant d'y être admis,
suivît à Paris un cours d'architecture pendant
les deux ou trois mois qu'il est obligé d'y passer pour se trouver au moment de subir l'examen sur le cours de mathématiques. Nous
avons l'expérience que plusieurs de ces aspi-
rans qui ont fait ainsi, en ont recueilli des avantages sensibles dans le cours de leurs exercices
à l'École du génie, et qu'ils ne peuvent qu'en
être plus utiles dans les places où ils seront à
même d'exercer ces connaissances acquises.

N'ayant pas moi-même fait d'étude bien
particulière sur l'architecture civile, j'ai pris,

dans quelques dessins qui m'ont paru de bon goût, l'idée des décorations de la porte dont les plans et les élévations, etc., composent la feuille treizième.

Quoique les détails figures 5, 6, 7, 8, 9, 10, 11 et 12 ne soient pas sur l'échelle d'un pouce pour pied, cependant les proportions de toutes leurs parties y sont assez sensibles pour faire entendre la manière dont on doit donner aux entrepreneurs et à leurs ouvriers, les détails de ce qu'on veut qu'ils exécutent, et sur lesquels on dresse les toisés estimatifs : d'ailleurs, il n'est aucun lieutenant en second qui ne soit initié à ces sortes de dessins par les épures de la coupe des pierres et de la charpente qu'il aura faites avant d'en venir à l'exercice sur les fortifications.

On sait que les pavillons sur les portes sont ordinairement occupés au rez-de-chaussée par des corps-de-garde de soldats et d'officiers, et au plain-pied du rempart, par des logemens d'officiers-majors des places, etc.

———

LÉGENDES

DE LA

DEUXIÈME PARTIE.

MÉZIÈRES.

ÉCOLE DU GÉNIE.

DEUXIÈME PARTIE.

Exercice sur l'attaque et la défense des fortifications.

FEUILLE 1.

Carte idéale des environs de la place ima-ginée, dont on a précédemment traité le tracé , le relief et la construction.

LÉGENDE INSTRUCTIVE.

Suivant l'étendue de l'enceinte et des dehors de cette place, on peut fixer sa garnison à 7,200 hommes d'infanterie ou 13 bataillons et 6 escadrons de cavalerie et dragons.

On suppose que l'armée de siége, avec une armée d'observation destinée à la couvrir , composent ensemble 88,000 hommes, dont 66 bataillons et 31 escadrons pour la première, 56 bataillons et 76 escadrons pour la deuxième, à quoi l'on ajoute 4 régimens d'artillerie, et 4,000 hommes de troupes légères, répartis par proportion dans les deux armées, ainsi que les équipages d'artillerie, suivant les règles établies à ce sujet ;

Que l'armée assiégeante est obligée de s'envelopper de lignes de circonvallation et de contrevallation dont la variété dans leur tracé, et celle qu'on remarque dans la distribution des corps investissans, s'expliquent évidemment par le figuré du terrain sur cette carte.

Les lignes ainsi que les postes retranchés, sont partout accommodés aux circonstances et à la nature du terrain.

Les retranchemens par lesquels la circonvallation et la contrevallation sont comme liées l'une à l'autre en plusieurs parties de l'investissement, sont destinés à favoriser la retraite d'un quartier qui serait forcé, sur celui des quartiers voisins qui ne le serait pas.

Les points de communication entre les quartiers de la circonvallation sont multipliés autant qu'il est possible , partout où il est nécessaire.

Chacun des villages exprimés sur cette carte idéale , porte pour dénomination celle du chiffre romain dont il est coté.

Les parcs d'artillerie sont placés à portée des fronts de la place, sur lesquels on se propose de diriger les attaques.

On suppose que l'armée d'observation occupe le terrain des environs de la place, accessible pour une armée auxiliaire qui s'approcherait avec des forces supérieures, ce qui a engagé à fortifier cette position comme on le voit, laquelle (quoique fort proche de la circonvallation), est autorisée de plusieurs exemples de positions semblables en pareils cas, et par conséquent ne choque point la vraisemblance.

Pour ne pas charger de digressions les détails qui font particulièrement l'objet de cet exercice, on fait abstraction des marches, dispositions et manœuvres réciproques de ces deux armées, antérieurement à la scène qui est représentée sur cette carte.

Les camps des bataillons sont exprimés par de petits carrés colorés de rouge, ceux de la cavalerie et des dragons par de petits parallélogrammes colorés les uns de bleu et les autres de vert ; les régimens d'artillerie sont colorés en bleu et rouge, et les corps de troupes légères en rouge et vert transversalement (1). Ces camps sont cotés chacun des proportions de leur étendue et de leur distance entre eux. Il en est de même des intervalles d'un régiment et d'une brigade à l'autre dans l'armée d'observation, car pour les camps de l'armée de siége, ces distances varient suivant le plus ou moins de besoin où l'on se trouve de les étendre ou de les resserrer en totalité ou en partie.

Les deux lignes d'infanterie et de cavalerie

____

(1) Dans la gravure on a remplacé les couleurs par des hachures placées d'une manière différente pour distinguer les différentes armes ; les signes adoptés sont indiqués au bas du titre de la feuille première.

ponctuées en avant du camp de l'armée d'observation, et teintées l'une en rouge, l'autre en bleu clair, représentent cette armée en bataille en avant de son camp (qu'on suppose détendu alors), et prête à soutenir la défense des redoutes et des retranchemens qui couvrent le champ de bataille (1).

Quoique nous fassions ici abstraction des manœuvres que cette armée aurait à faire avant l'attaque et pendant sa durée, parce que ses manœuvres dépendent toujours de celles que fait l'armée qui attaque ; on remarquera cependant, que dans le cas où celle-ci supérieure et rassemblée serait entièrement déterminée contre cette position-ci, l'armée d'observation ne manquerait pas de se renforcer de quelques troupes tirées de la circonvallation, comme elle renforcerait celle-ci réciproquement, si l'armée de secours en se présentant pour l'attaquer, portait en même temps des corps détachés contre quelques parties de cette circonvallation.

---

(1) Pour représenter ces deux lignes dans la gravure, on s'est borné à tracer leur position par un ponctué simple.

Que si l'armée d'observation était en état de faire face en pleine campagne à l'armée de secours, celle qui fait le siége pourrait se passer de lignes de circonvallation et même de contre-vallation, en supposant que la garnison de la place fût faible. Mais si nous ne traitions que ces deux derniers cas seulement, ils borneraient trop l'exercice que nous nous proposons ici sur l'art des siéges, et dont les détails sont contenus dans les feuilles de dessins qui, avec celle-ci accompagnent notre Instruction sur cette partie de la guerre.

Les cinq bataillons et une brigade de cavalerie qui s'appuient à une chaussée sur la droite de l'armée d'observation, sont destinés à garder une trouée que cette chaussée occasione dans le bois qu'elle traverse, et qu'on suppose défendue par une redoute flanquée de deux redans avec du canon.

Les brigades et demi-brigades d'infanterie et celles de cavalerie, sont désignées par des accolades qui comprennent le nombre de bataillons et d'escadrons dont ces brigades sont composées.

L'armée d'observation appuyant sa gauche
à la rivière a sur celle-ci des ponts pour la
passer, afin de se porter au-delà de cette rivière,
partout où l'armée de secours après l'avoir
passée, chercherait à attaquer et percer la circonvallation, etc.

MÉZIÈRES.

ÉCOLE DU GÉNIE.

DEUXIÈME PARTIE.

Exercice sur l'attaque et la défense des fortifications.

—

FEUILLE 2.

Plans, coupes et profils indiquant la distribution des travailleurs et la composition des ateliers pour l'exécution des retranchemens; l'inclinaison des talus extérieurs, d'escarpe et de contrescarpe; les revétemens des talus du remblai; l'emplacement des abatis, puits ou trous de loup, des palissades et fraises; la construction d'un épi noyé pour le barrage d'une petite rivière, et celle des ponts sur chevalets.

LÉGENDE INSTRUCTIVE.

Le plan figure 1 est supposé tracé sur le terrain, soit le long d'un cordeau, soit entre des jalons ou piquets alignés, dont les intervalles et les différentes hauteurs, désignés les uns sur ce plan, et les autres au profil figure 2, se règlent sur les largeurs et les hauteurs convenables au profil qu'on a choisi.

On voit dans ces deux figures quel doit être l'arrangement des travailleurs pour que le relief du retranchement se forme partout également et à la fois, du produit de l'excavation de son fossé.

Les travailleurs désignés figure 1 chacun par un large point noir, y sont espacés de toise en toise par files telles que a b c d, e f g h, i k l m, n o p q, etc., à peu près parallèles aux capitales des angles saillans et rentrans, afin qu'il ne se trouve pas à l'un beaucoup plus de remblai, et à l'autre beaucoup moins qu'il n'en faut pour le relief, ce qui arriverait si les files de travailleurs étaient disposées vers ces angles perpendiculairement à la longueur du tracé.

Les talus tels que a e, i n et u x figure 3, sont de pied pour pied ($\frac{1}{1}$) dans les terres légères et de peu de consistance; ceux a d, h m et s t sont sur les $\frac{5}{6}$ de la hauteur dans les terres douces qui ont de la consistance; ceux a c, g l et q r, sont sur les $\frac{3}{4}$ de la hauteur dans les terres ordinaires et de bonne consistance; ceux enfin tels que a b, f k et o p, sont sur les $\frac{2}{3}$ de la hauteur dans les terres fortes ou dans celles revêtues en gazons; a z exprime l'escarpe faite en terre forte sur un seul talus incliné des $\frac{3}{4}$ ou des $\frac{2}{3}$ de la hauteur.

Les abatis figures 4 et 8, d'arbres élagués de leurs menus branchages et entrelacés l'un avec l'autre, pour présenter à l'ennemi un hérisson de pointes très-difficiles à franchir, doivent être disposés en avant de la ligne de manière à être vus de revers par ses parties flanquantes et par conséquent être rapprochés de ces dernières plus que des saillans, lorsqu'elles ont peu de longueur. On applique aussi de ces abatis aux contrescarpes des retranchemens comme en la figure 8.

Les figures 5 et 6 font voir le plan et le profil de trois rangs de puits creusés à 10 toises en avant de la ligne, desquels l'excavation produit sur leurs interstices des remblais qui s'y forment en pointes de diamans. On distribue ces puits en quinconce, figure 5, où chacune des intersections a b c d e f g h, etc., qu'on y fait toutes à angles de 60 degrés, et distantes de 10 pieds l'une de l'autre, marque le centre d'un puits, au bord supérieur duquel nous donnons ici 6 pieds $\frac{1}{2}$ de diamètre ou 3 pieds 3 pouces de rayon. Il reste 3 pieds $\frac{1}{2}$ d'intervalle entre deux puits. Ces proportions avec celles de la profondeur de chaque puits et du diamètre de son fond, cotées au profil figure 6, donnent par chaque secteur, sixième partie de l'excavation d'un puits, le produit convenable pour remblayer sur pied pour pied de talus, une partie égale et correspondante de l'interstice où ce remblai forme la pointe de diamant.

Les palissades inclinées figure 7 sont dans cet état très-difficiles à hacher par les troupes assaillantes, et se trouvent couvertes par le revers de la contrescarpe, d'autant mieux que la berme est tenue de 18 pouces plus bas que le terrain de la campagne.

La palissade plantée en orgue dans le fond du fossé y est efficace, lorsqu'il est bien défendu.

Celle qui fraise le sommet de la contrescarpe sous le feu plongeant du parapet est d'une très-grande efficacité.

Celle qui est plantée à 10 toises en avant de la ligne sous le même feu, et couverte en partie par un petit recreusement du terrain dont le produit sert à rehausser le revers de la contrescarpe, fait aussi très-bien, pourvu que ce rang de palissades soit comme celui des abatis, vu de revers par les parties flanquantes de la ligne.

La palissade, enfin, qui fraise l'escarpe du retranchement figure 8, y a beaucoup d'efficacité, quoiqu'avec le désavantage d'être vue et battue du canon de l'ennemi.

Il n'est aucun rang de ces palissades où chacune ne soit chevillée ou clouée à une lambourde, qu'on pose dans le sens de la longueur du rang. Les dimensions sont toutes cotées dans le profil, figures 7 et 8, ainsi que les différens profils des excavations qu'il faut faire pour établir dans la terre la partie de chaque palissade qui doit y être engagée.

On entendra facilement par le plan et le profil, figures 10 et 11, avec leur légende particulière la construction d'un épi noyé; pour peu d'ailleurs qu'on ait lu ce qui est écrit sur les épis de fascinages, dans le volume de l'architecture hydraulique de Belidor. On peut aussi beaucoup plus simplement, comme les meuniers, faire le barrage d'un ruisseau, lorsqu'il est peu considérable, et qu'il s'agit seument de mettre son bassin à blanc d'eau; mais il faut dans tous les cas observer de bien enraciner ce barrage dans l'une et l'autre rive du ruisseau.

Les figures 12, 13 et 14 présentent les détails de la construction d'un pont sur chevalet, mis en état de se soutenir contre un courant d'eau très-rapide.

LÉGENDE POUR L'INTELLIGENCE DES FIGURES 10
ET 11.

A. Lits de fascines piquetées pour la fondation de l'épi et de ses enracinemens faits dans les excavations cotées R.

B. Couche de deux lits de fascines posées de longueur dans le sens du cours de l'eau, et piquetées sur la fondation.

C. Couche de 8 ou 9 pouces d'épaisseur de gravier ou de galets, encaissée dans un clayonnage de pareille hauteur, fait de longs branchages de saule ou d'autre bois pliant, entrelacés d'un piquet à l'autre.

D. Couche de trois lits de fascines piquetées et posées comme en B.

E. Couche de gravier encaissée et de même épaisseur qu'en C.

F. Couche de trois lits de fascines piquetées et posées comme en B.

G. Troisième couche de gravier ou galets, comme en C.

H. Radier de pierres posées de champ et encaissées dans un clayonnage sous la chute de l'eau.

I. Fond du lit de la rivière.

K. Couche de terre forte ou de glaise recouverte de gazons formant tapis sur le tunage de l'épi, du côté qui soutient l'eau.

L. Tunage de fascines aussi piquetées, formant par leurs gros bouts le parement des bajoyers du déversoir sommet de l'épi, qui doit être de 6 pieds au moins d'épaisseur.

M. Tête des piquets qui lient et fixent ce tunage qu'on recouvre de gazons ou de terre.

N. Largeur au sommet de la digue qui, traversant le bassin de la rivière, lui fait, avec l'épi, former l'inondation sur une certaine étendue de ce bassin.

O. Talus sur pied pour pied de hauteur de la digue du côté d'aval de la rivière.

P. Talus de la même digue du côté d'amont, et qui doit avoir d'autant plus de base qu'on veut élever davantage la retenue d'eau. Il faut, pour établir convenablement cette base

de la digue, enlever sur sa largeur toute
l'herbe de la prairie.

Q. Rive droite de la rivière.

R. Excavation pour la fondation des enracinemens.

S. Rive gauche.

MÉZIÈRES.

ÉCOLE DU GÉNIE.

DEUXIÈME PARTIE.

Exercice sur l'attaque et la défense des fortifications.

FEUILLE 3 et 3 *bis*.

Plans et profils des opérations du siége depuis la reconnaissance des fortifications de la place jusqu'aux attaques poussées jusqu'à la troisième parallèle, avec des détails sur les redoutes qui appuient les parallèles, les traverses ou parados en gabions, et sur la disposition des sacs à terre dont on couronne les parapets.

LÉGENDE INSTRUCTIVE.

La figure 1 représente les opérations supposées faites à la boussole et de concert par les ingénieurs assiégeans, chargés de la reconnaissance des fortifications.

Toutes les lignes ponctuées en petits points longs sont autant de rayons visuels dirigés tant des extrémités que de plusieurs autres points des bases contiguës l k, k i, i b, b c, c e, e f, et f h, aux angles flanqués des fronts a b, D C, C B, B A, qu'on a pu reconnaître en s'approchant plus ou moins, à la faveur des couverts du terrain désignés ici par des ponctuations à points longs.

Toutes ces bases, qu'on a successivement mesurées à la faveur des mêmes couverts, se joignent par une base commune c d, sur laquelle les ingénieurs ont commencé leurs opérations aux points a et b, qu'on suppose vus l'un de l'autre, si le trajet entre ces deux points est mesurable à la chaîne ou à la toise. Comme rien ne dérobe cette base pendant le jour à la vue de l'assiégé, les officiers ci-dessus ont dû la mesurer pendant la nuit le long d'un jalonnement dirigé sur deux lumières distinctes qu'ils ont attachées à ces deux points et interceptées à l'assiégé : si ce trajet est impraticable, ces mêmes officiers ont dû déterminer l'intervalle des deux points *a* et b, en les recoupant par des rayons visuels, tirés des extrémités de deux nouvelles bases qu'ils se sont données pour cela, chacun de son côté, en arrière de cette base et à couvert des vues de l'ennemi.

Les lignes ponctuées en petits points ronds et serrés désignent les capitales des principaux ouvrages, qu'on a déterminées à leurs inter-sections avec les bases ci-dessus, et dont on a fixé les alignemens par plusieurs piquets plantés de suite sur ces alignemens en arrière de ces bases et en avant d'elles, autant qu'on l'a pu sans s'exposer trop.

La figure 2 contient le plan de la place tel qu'on suppose que les ingénieurs assiégeans l'ont donné, après leur reconnaissance faite, et sur lequel est figuré le dispositif de l'ouverture de la tranchée.

a' et *b'* sont deux nouveaux ouvrages que ces officiers ont découverts, que l'assiégé con-struisait en avant de ses glacis.

c' et *d'* tracé de la première parallèle et de ses communications dans l'une et l'autre attaque.

e' bataillons en ordre de bataille et ventre à terre à 100 ou 120 pas en avant de la parallèle, ayant chacun leur compagnie de grenadiers *f'* semblablement postées à 5o ou 6o pas en avant d'eux.

g' compagnies de grenadiers et piquets de dragons auxiliaires placées de même, et à même hauteur que celles des bataillons.

h' détachemens de 3o hommes chacun, tirés des bataillons, et placés à hauteur de leurs compagnies de grenadiers, pour faire des patrouilles entre eux et en avant d'eux par pelotons de 10 à 15 hommes et un sergent, chacun pour observer l'ennemi et avertir de ce qu'ils ont aperçu.

i' plusieurs escadrons de cavalerie, placés derrière des rideaux du terrain ou derrière des épaulemens, pour se porter de là sur les droite et gauche d'une sortie, et lui couper la retraite.

k' bivouacs de l'assiégé formés du tiers de sa garnison, et qu'il tient en dedans et en dehors de ses chemins couverts, depuis la deuxième nuit de l'investissement jusqu'à celle-ci inclusivement.

l' troupes de 150 hommes chacune détachées de ceux-là à 50 toises en avant des glacis, et qui portent chacune à 5 toises en avant d'elles un piquet de 50 hommes coté *m'*, lequel détache sur sa droite et sur sa gauche des pelotons de 15 ou 10 hommes, pour battre l'estrade jusqu'à 30 ou 40 toises.

La figure 3, feuille 3 *bis*, représente les deux attaques poussées jusqu'à la troisième parallèle et rapportées sur un plan exact de la place, et tel qu'il doit être ici pour devenir le tableau réel de l'attaque et de la défense. Les différences de ce plan à ceux des figures 1 et 2, consistent en plusieurs parties de l'intérieur des fortifications, qu'on suppose que l'assiégeant n'avait pas sur son plan et qu'il n'a pu découvrir pendant la reconnaissance qu'il a faite.

Les capitales des principaux saillans sont ici ponctuées comme dans les figures 1 et 2.

Les autres lignes droites également ponctuées, désignent les directions prises par l'assiégeant sur les prolongemens des branches et des faces des ouvrages de la place, pour déterminer les emplacemens des batteries en avant de la première parallèle. Les feux de ces batteries, tant de bombes que de canons, sont exprimés par une quantité de traits fins.

Les batteries cotées n de la première parallèle étant supposées situées en terrain plus bas que celui sur lequel les tranchées qui sont en avant croisent leurs directions, ont été transportées en O, en avant de la deuxième parallèle, sur ces mêmes directions.

Le cheminement des zigzags de la gauche et d'une partie de la droite de la principale attaque est un peu détourné des capitales des demi-lunes L et M, parce que la chaussée qui se trouve dans la première de ces deux capitales et le petit fond marécageux sur l'autre, au-raient rendu pénible et très-incommode le travail de ces tranchées, si on leur eût fait re-croiser ces capitales.

Figures 4, 5 et 6, feuille 3, plan et profils de l'une des redoutes qui appuient les parallèles.

Figure 7, profil suivant lequel on construirait ces redoutes beaucoup plus promptement, avec moins de risque, plus de précision et de solidité qu'il n'est possible de le faire en les construisant massives de terre, suivant les profils, figures 5 et 6, sur un simple tracé à la fascine ou au cordeau, surtout lorsqu'on est sous la portée du mousquet de l'ennemi.

Pour exécuter cette construction, on commencerait par faire, à la sape volante ou à la sape pleine, sur des longueurs déterminées, le parapet x de la tranchée d'enveloppe de la redoute (figures 4 et 7). Pendant ce temps, on tracerait à la sape volante les quatre faces de la redoute par trois rangs jointifs de gabions p, q et r (figure 7). Ceux des deux faces antérieures étant posés distans du parapet x de la tranchée d'enveloppe, tellement que le produit d'excavation de cet intervalle pût fournir

à la fois à la formation de ce parapet et de
tout l'extérieur de celui de ces deux faces. Les
deux autres, n'ayant pas besoin de tant d'é-
paisseur, auraient leur fossé moins large et
sans parapet sur la contrescarpe. Les trois
rangs de gabions jointifs étant d'abord remplis
d'un premier produit du fossé, près de la
berme de l'escarpe, et couronnés d'un lit de
fascines, formeraient une base sur laquelle on
poserait aussitôt deux rangs de gabions s et t
aussi jointifs, qu'on remplirait d'un nouveau
produit de la même excavation. A couvert de
ce massif, on formerait (même pendant le
jour) dans l'intérieur de la redoute, son parapet et sa banquette du produit d'un recreusement de 16 ou 18 pouces dans son terre-plein ;
s'il y était besoin d'une traverse on la construirait comme le parapet de la redoute, et
on la placerait sur l'une ou sur l'autre des deux
diagonales, suivant sa ponctuation dans la figure 4.

A mesure que ces redoutes sont plus proches
de la place et plus exposées au canon, on aug-

mente jusqu'à 12 pieds l'épaisseur du parapet des deux faces antérieures, et l'on observe d'autant plus de précautions à les construire. On pourrait aussi défendre leur fossé par des chevaux de frise, figure 6, ou en y plantant un rang de palissades.

MEZIÈRES.

ÉCOLE DU GÉNIE.

DEUXIÈME PARTIE.

Exercice sur l'attaque et la défense des fortifications.

FEUILLE 4 et 4 bis.

Plans d'ensemble et des détails de l'attaque principale, depuis la troisième parallèle inclusivement jusqu'à la fin du siége, y compris les mines, contre-mines, etc., et la fausse attaque jusqu'à la prise de la lunette g et de la flèche b.

LÉGENDE INSTRUCTIVE.

La figure 1 représente en général l'attaque principale décidée sur le front CD, depuis la troisième parallèle inclusivement, jusqu'aux brèches entamées aux cavaliers C et D, en même temps qu'aux coupures des bastions de ces cavaliers, où l'on termine le siége.

La figure 2 représente la fausse attaque depuis la troisième parallèle inclusivement, jusqu'à la prise de la lunette g et de la flèche b seulement, la gauche de cette fausse attaque favorisant beaucoup la droite de l'attaque principale.

Dans les figures 3, 4, 5, 6 et 7, feuille quatrième *bis*, les galeries, les rameaux et les effets des contre-mines de l'assiégé sont distingués par une couleur violette, et ceux de l'assiégeant par une couleur verte (1). Parmi les effets des mines de l'assiégeant, ceux qui sont exprimés par plusieurs concentricités, sont supposés être approchés assez près des galeries ou rameaux de contre-mines pour pouvoir, avec une médiocre charge de poudre, les crever et les rendre impraticables à l'assiégé, sans ouvrir un entonnoir au dehors.

La lettre q, placée dans plusieurs parties des

------

(1) Dans la gravure on a fait un ponctué différent pour distinguer les mines défensives de celles offensives.

tranchées, figure 3, indique les puits que l'assiégeant y creuse à différentes profondeurs,
pour aller de là , par diverses directions ,
chercher les rameaux des contre-mines et les
détruire, afin de pouvoir assurer l'établissement
de ses tranchées qui ne cheminent alors qu'à
mesure qu'il prévient les effets des fourneaux
de l'assiégé.

La figure 4 donne sur une échelle plus
grande , le plan d'une portion de chemin couvert , et, sous son glacis, la distribution de
quatre fourneaux c, e, d, f, des contre-mines,
dont les rameaux tiennent à une même branche
attachée à la galerie majeure, qui est adossée
à la contrescarpe. L'effet que ces quatre fourneaux pourraient produire est représenté par
quatre cercles violets , dont on sait que le diamètre est double de la ligne de moindre résistance à chacun de ces fourneaux.

Le fourneau g, figure 4, à l'extrémité du
rameau de l'assiégeant , est supposé avoir joué
et brisé tout à la fois le rameau de communication c d, et les deux fourneaux e f, comme

on le voit encore plus clairement dans la figure 5 par la section parabolique h i k, coupe
de l'entonnoir formé par l'explosion du fourneau g. Les mêmes figures 4 et 5 font voir
comment l'assiégeant couronne, du côté de
l'assiégé, la partie de la lèvre de l'entonnoir
d'une mine qui a joué dans quelques points
convenables à la position d'une tranchée.

Le plan vertical, figure 6, pris sur la ligne
l m de la figure 4, représente les mêmes quatre
fourneaux c d e f, disposés à deux étages, avec
leurs rameaux de communication, et le même
fourneau g de l'assiégeant. Ainsi les figures 4,
5 et 6 combinées, expriment complètement
la disposition et l'effet de ces fourneaux.

La figure 7 représente à la fois les brèches
faites à l'escarpe et à la contrescarpe de la lunette, les contre-mines que l'assiégé ferait jouer
sous la brèche de l'escarpe et sous le glacis, si
l'assiégeant ne le prévenait pas par le rameau
de mine, qui aboutit à deux ou trois fourneaux
placés contre le pied droit de la galerie majeure, et chargés assez fort pour crever cette

galerie et coucher en même temps dans le fossé cette partie de la contrescarpe.

Les autres rameaux de l'assiégeant qu'on voit figure 5, conduits par dessous le chemin couvert jusque contre la galerie majeure, aboutissent à des fourneaux chargés seulement au point de crever cette galerie, d'empêcher l'assiégé d'en faire usage, et afin de pouvoir asseoir en sûreté dans le chemin couvert les logemens, tels que la batterie de brèche que l'assiégeant y a transportée; parce que, de la crête du glacis où elle était en premier lieu, elle ne battait pas l'escarpe assez bas.

Les deux autres batteries qui couronnent le saillant de cette lunette sont destinées à percer le mur et détruire les embrasures des deux casemates cotées 12, qui nuiraient beaucoup au passage du fossé.

La batterie et les logemens qui occupent l'intérieur de la même lunette en maintiennent la possession à l'assiégeant.

Dans la même coupe, figure 7, on voit une des galeries blindées que l'assiégeant fait à travers le parapet du glacis pour descendre dans le terre-plein du chemin couvert. Les figures 15 et 16 donnent plus sensiblement les proportions et la construction de cette galerie.

Le rang de palissades inclinées, qui ferme la gorge de la flèche b, dans son profil figure 9, doit se raccorder avec les deux rangs de palissades qui défendent le fossé de cette flèche.

Le plan figure 10 et les profils qui l'accompagnent, figures 11, 12, 13 et 14, exposent clairement la construction des tranchées que l'assiégeant exécute à la sape pleine sur les glacis, depuis la troisième parallèle jusques et compris le couronnement du chemin couvert. On voit figure 10, par les tracés ponctués sur la partie droite de cette figure, la manière dont il faut que le travail de la sape pleine soit conduit dans cette circonstance, pour que les sapeurs puissent toujours y être couverts par l'épaulement de la tranchée qu'ils construisent, et par leur gabion farci; et on voit aussi comment les tranchées forment fréquemment dans les sapes debout des culs-de-sac , d'où débouchent ensuite les sapeurs sur les diverses directions qui leur sont marquées par les ingénieurs.

Dans le profil , figure 12, le gabion premier posé, c, a été rempli à la sape pleine ; le gabion a, posé ensuite dans la tranchée , à couvert du parapet, forme , avec la berme, une base pour le gabion b, troisième posé, rempli et couvert d'un lit de fascines qui lui est entrelacé , ainsi qu'au gabion c, pour former la base du gabion d, qu'on remplit pareillement à couvert , et au moyen duquel on forme le parapet du cavalier de tranchée, ainsi que ses quatre ou cinq banquettes du produit de l'excavation de cette tranchée.

La figure 13 fait voir que si le cavalier de tranchée se commence à la sape volante, il n'est question que de poser en même temps et jointifs les deux rangs de gabions côtés ici a et b, de les remplir et de les couronner d'un lit de fascines , sur lequel on pose ensuite le rang de gabions c , pour former le parapet du

cavalier, qu'on achève de la même manière
que ci-dessus.

La figure 14 donne les proportions du relief
d'une batterie de chemin couvert, dont les
largeurs sont cotées au plan figure 10.

On remarquera que si l'assiégeant voulait
pénétrer dans le bastion C, par son angle flanqué, qu'il abattrait par la mine ou à coups de
canon, comme il s'exposerait à la fois aux
feux de flanc du bastion B (figure 3, feuille
troisième *bis*), et aux feux de revers de la demi-
lune cotée L, il serait obligé, avant de passer
le fossé devant cette brèche, de donner l'assaut à cette demi-lune, de s'en rendre maître,
et pour cet effet, de se livrer sur la gauche de
son attaque, à une augmentation considérable
de travaux et de peine, qu'on pense qu'il peut
s'épargner en se contentant d'appuyer et de
soutenir fortement cette gauche, sans la pousser plus loin qu'elle ne l'est ici figure 1, feuille
quatrième, et d'ouvrir le bastion C par sa face
gauche seulement, ainsi que nous le représentons dans la même figure 1, et qu'on peut le

voir plus en grand dans les figures 3 et 4 de la feuille cinquième qui suit.

LÉGENDE PARTICULIÈRE POUR LA FIGURE 20.

1. Fascines en long.
2. Fascines en travers.
3. Claies.
4. Sacs à terre sur les claies.
5. Buse pour laisser passer l'eau.
6. Longuerines qui traversent le pont.
7. Ancres pour arrêter le pont contre la rapidité du courant.

MÉZIÈRES.

ÉCOLE DU GÉNIE.

DEUXIÈME PARTIE.

Exercice sur l'attaque et la défense des fortifications.

FEUILLE 5.

Plans et profils de l'attaque de vive force du chemin couvert, couronnement du glacis, disposition et effets des mines et des contre-mines, derniers retranchemens de l'assiégé, etc.

LÉGENDES INSTRUCTIVES.

Les détails du plan et du profil, figures 1 et 2, expriment l'attaque du chemin couvert, faite de vive force, et l'exécution du couronnement du glacis à la sape volante, à la suite de cette attaque donnée sur la lunette cotée r du front CD, feuille quatrième.

Les gradins désignés dans la portion de cinquième parallèle rapportée ici de cette même feuille, ne sont placés que vis-à-vis des saillans du chemin couvert et d'une partie de sa branche, afin que l'assiégeant puisse continuer de jouir librement du parapet de cette parallèle pour fusiller contre la crête du glacis, jusqu'au moment où il débouchera par ces gradins pour attaquer le chemin couvert.

Les larges points colorés d'un rouge-pâle, au bout de plusieurs traces ponctuées (1), même figure, expriment les manœuvres et les mouvemens successifs de l'assiégeant sur la crête du glacis et dans le chemin couvert, pour y attaquer l'assiégé, l'y poursuivre et l'en chasser avec toute la rapidité que cette expédition exige.

Les larges points colorés d'un rouge foncé (2)

---

(1) Ces gros points sont représentés sur la gravure par des cercles laissés en blanc.

(2) Ces larges points sont exprimés par des cercles noirs sur la planche gravée.

désignent les petits détachemens que l'assiégeant, devenu maître du chemin couvert, y
laisse pour fusiller sans cesse contre les parapets des ouvrages, jusqu'à ce que les travailleurs
se soient mis à l'abri des coups de fusils dans
leur nouvelle tranchée ; alors ces détachemens
se retirent dans la parallèle, d'où l'on en fait
sortir de nouveaux qui vont se placer, ventre
à terre, derrière les travailleurs, et à portée de
s'opposer promptement à l'assiégé, s'il tentait
de rentrer dans son chemin couvert.

On a vu pourquoi l'assiégeant ne couronne-
rait pas la branche droite du glacis de cette
lunette.

La disposition et les effets des mines et des
contre-mines, distingués ici, comme dans la
feuille précédente, par une couleur violette et
une couleur verte, forment un tableau suffisamment expressif de la guerre souterraine
dans les différentes parties du plan et du profil,
figures 3 et 4, où ils sont représentés.

On suppose le pont pour le passage du fossé
construit comme il est décrit page 186 et sui-

vantes de l'Instruction, et l'on n'en voit que plus sensiblement les difficultés extrêmes de faire acquérir à ce pont, par quelque moyen que ce soit, la consistance et la solidité nécessaires pour résister au poids et au choc d'un volume considérable d'eau rapide.

Sur les mêmes figures 3 et 4 sont exprimés, en plan et en profils, les derniers retranchemens qu'on suppose que l'assiégé aura construits, dès le commencement et pendant le cours du siége, derrière lesquels, faisant une dernière retraite, après l'assaut définitivement donné au saillant du cavalier et aux deux coupures du bastion, il serait encore à même de traiter et d'obtenir une capitulation honorable.

Les profils, figures 5, 6 et 7, de ces sortes de retranchemens donnent plus en grand les proportions et les différentes manières dont on peut les renforcer davantage. Ces profils seraient également applicables à la construction de tout retranchement, dont la situation et l'importance exigeraient de pareilles précautions que ceux-ci pour leur défense.

Pour masquer à la vue du dehors la coupure cotée s, que le fossé de ces retranchemens occasione sur le travers des parapets du cavalier et du bastion, l'assiégé y élève en gabions, fascines et terre, une traverse qu'il détruit ensuite, lorsque son ennemi fait brèche au corps de place, et à laquelle il substitue alors une estacade de chevaux de frise à lances de fer, solidement engagés l'un dans l'autre, et attachés de même à l'escarpe et à la contre-escarpe du retranchement sur le trajet de cette coupure.

Les parties cotées p dans ces coupures, figure 3, sont des revêtemens de madriers et poteaux de charpente, pour soutenir les terres coupées des parapets du cavalier et du bastion. Le sommet de ce revêtement est hérissé d'une palissade de 3 ou 4 pieds plantée debout.

Les petites rampes cotées q et accolées à ces revêtemens, sont en planches établies sur longerons et poteaux que l'assiégé fait tomber dans le fossé aussitôt qu'il s'y est retiré.

Outre les abatis et les palissades en fraise

et en berme dont la contrescarpe et l'escarpe de ces retranchemens sont hérissées, on pourrait encore planter un rang de palissades debout dans le milieu de leur fossé, et un rang sur leur banquette intérieurement, comme au profil figure 4.

TABLE DES MATIERES

CONTENUES

DANS LES DEUX PARTIES

DE

L'EXERCICE SUR LES FORTIFICATIONS.

PREMIÈRE PARTIE.

━━◦○◦━━

DEUXIÈME PARTIE.

. . . .

Table

DES

PLANCHES QUI FORMENT L'ATLAS

DES DEUX PARTIES

DE

L'EXERCICE SUR LES FORTIFICATIONS.

PREMIÈRE PARTIE.

—◦—

DEUXIÈME PARTIE.

—

tion des travailleurs, et la composition des
ateliers pour l'exécution des retranchemens; l'inclinaison des talus extérieurs,
d'escarpe et de contrescarpe, les revêtemens
des talus du remblai, l'emplacement des
abatis, puits ou trous de loup, des palissades et fraises; la construction d'un épi
noyé pour le barrage d'une petite rivière et
celle des ponts sur chevalets. 2

(La légende de cette feuille se trouve page 286.

Plans et profils des opérations du siége, depuis
la reconnaissance des fortifications de la
place, jusqu'aux attaques poussées jusqu'à la
troisième parallèle avec des détails sur les
redoutes qui appuient les parallèles, les
traverses ou parados en gabions, et sur la
disposition des sacs à terre dont on couches
ronne les parapets. . . . . 3 et 3 *bis.*

(La légende de ces feuilles se trouve page 295.)

Plans d'ensemble et de détails de l'attaque principale, depuis la troisième parallèle inclusivement, jusqu'à la fin du siége, y compris les
mines, contre-mines, etc., et la fausse attaque, jusqu'à la prise de la lunette g et de la
flèche b. . . . . 4 et 4 *bis.*

(La légende de ces feuilles se trouve page 304.)

Plans et profils de l'attaque de vive force du
chemin couvert, couronnement du glacis,
disposition et effets des mines et des contre-mines; dernier retranchement de l'assiégé, etc. 5

(La légende de cette feuille se trouve page 313.)

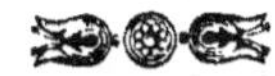